4コマ 仙台弁こけし

仙台 宮城

方言まるわかりBOOK

jugo

林隆

誉教授〕

館

はじめに

「んだ」（そうだ）「がんばっぺ」（がんばろう）「気ぃつけでね」（気をつけてね）

仙台弁は、心がほっこりする素朴であたたかい方言です。

仙台弁こけしは、その名の通り「いぎなし」（とても）なまっている仙台弁を話すこけしです。２０１４年にＬＩＮＥスタンプとして誕生し、現在は宮城のご当地キャラクターとして活動しています。仙台・宮城はこけしが有名で、「鳴子系こけし」や「弥治郎系こけし」など伝統こけしの名産地です。こけしといえばにっこり微笑んだ表情やすまし顔の表情が多いですが、仙台弁こけしは百面相。表情豊かに仙台弁をしゃべります。

本書は仙台弁こけしの日常を春夏秋冬に分け、日常の何気ない１コマや田舎あるある話、方言の小話などを盛り込んでいます。また、４コマ漫画のミニコラムでは、方言の成り立ちや宮城の文化、郷土料理などをゆるく紹介しています。

よく「仙台弁は仙台市で話される方言ですか？」という質問を耳に

します。仙台弁は宮城県全域で話される方言で、江戸時代の仙台藩領内で話されていた言葉が元になっています（ひと口に仙台弁といっても県南と県北、沿岸部と内陸部では方言が違います）。

仙台弁だけでなく、すべての方言に言えることですが、最近はだんだんと方言を話す人が減ってきています。特に若い人はおじいちゃんおばあちゃん世代との交流が希薄になり、ますます方言を話す人が少なくなっています。しかし方言が話されなくなってきたからこそ、その希少性が高まっていると感じます。あえて方言を話すことで場を和ませたり、お互いの距離をぐっと近くに感じることができます。

仙台弁こけしに寄せられる声で多いのは、「方言が懐かしい」「おじいちゃん、おばあちゃんを思い出す」「仙台弁に癒される」「仙台弁をもっと積極的に使っていこうと思った」という声です。本当にたくさんの方からあたたかい応援と励ましをいただいています。

方言には人を元気にする力があります。

本書を通して仙台弁の魅力が伝わり、少しでも楽しんでいただけましたら幸いです。

jugo

監修／小林隆

東北大学名誉教授。専門は日本語学、方言学。方言研究の第一人者。主な著書・編書に、『ものの言いかた西東』（岩波書店）、『方言が明かす日本語の歴史』（岩波書店）、『とうほく方言の泉』（河北新報出版センター）、『ガイドブック方言研究』（ひつじ書房）、『シリーズ方言学』（岩波書店）、『実践方言学講座』（くろしお出版）などがある。

jugo
ジュゴ

宮城県出身。仙台弁こけしLINEスタンプの制作がきっかけとなり、2014年からイラストレーターとして活動を始める。現在、仙台弁こけしのグッズや4コマ漫画、コラボ広告などを手がける。好きな言葉は「んだ」と「マイペースにやっぺす」（マイペースにやろう）本書が初の単行本。

もくじ

春
編

みんな「仙台弁こけし」

まんずどうもね〜！おら「なるこっつぁん」でがす〜
鳴子から来たっちゃ！
おら「やじろうちゃん」
白石から来たっちゃ〜
おらっ「とおがったちゃん」遠刈田だっちゃ
おら「さくなみちゃん」作並でがす
み〜んな「仙台弁こけし」だっちゃ！
まんずよろすぐね〜！

キャラクター紹介《しょうかい》

なるこっつぁんは食《く》いしん坊《ぼう》でおっちょこちょい。やじろうちゃんは優《やさ》しくてしっかり者《もの》。とおがったちゃんは姉御肌《あねごはだ》のツンデレ系《けい》。さくなみちゃんは恥《は》ずかしがり屋《や》の不思議《ふしぎ》ちゃんです。みんな「仙台弁《せんだいべん》こけし」です。本書《ほんしょ》では他《ほか》にも色々《いろいろ》なキャラクターが登場《とうじょう》するのでお楽《たの》しみに！

山菜づくし

今夜のごはんは山菜づくしだっちゃ〜
ルン
ルン
タラっぽ(タラの芽)の天ぷらと
すどけ(しどけ)のおひたしだっちゃ〜
ばっけ味噌ば(ふきのとう味噌を)炊き立てごはんの上さのっけて…
春の味覚をいただくべ♪
あっ
ごはんばすっかげんのわしぇだっちゃ!(ごはんを炊くの忘れた)
ガーン
なぬまずっ
からっぺ

すっかげる

煮炊《にた》きをするために火《ひ》の上《うえ》にお釜《かま》や鍋《なべ》をかけることや炊飯器《すいはんき》をセットすることを、仙台弁《せんだいべん》では「すっかげる」と言《い》います。

おかずが出来《でき》ているのに、ごはんを炊《た》き忘《わす》れる…あるあるですね。

また、「すっかげる」には「ちょっかいを出《だ》す」という意味《いみ》もあります。

なぬまず!?

なんだって!?

ねっぱす

ぶっちゃける

「破《やぶ》れる、壊《こわ》れる」ことを仙台弁《せんだいべん》で「ぶっちゃける」と言《い》います。同《おな》じように「ちゃける」も「壊《こわ》れる」という意味《いみ》です。「ねっぱす」は粘《ねば》らせるという意味《いみ》の「ねばす」が変化《へんか》してできた方言《ほうげん》です。「切手《きって》をねっぱす」など日常的《にちじょうてき》によく使《よく》うので標準語《ひょうじゅんご》だと思《おも》っている宮城県民《みやぎけんみん》も多《おお》いかもしれません。

いづご狩り

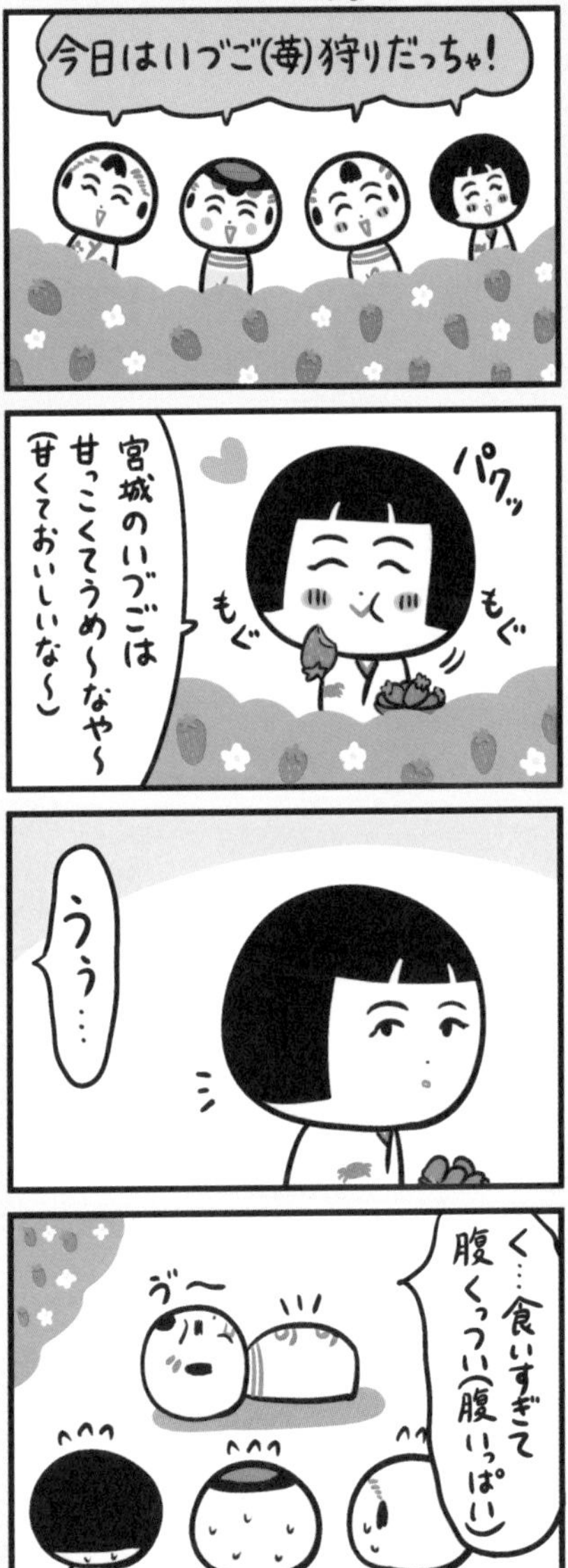
今日はいづご(苺)狩りだっちゃ!
パクッ
宮城のいづごは甘っこくてうめ～なや～
(甘くておいしいな～)
もぐ
もぐ
うう…
く…食いすぎて腹くっつい(腹いっぱい)
う～

宮城《みやぎ》のいちご

宮城県《みやぎけん》は東北一《とうほくいち》のいちごの生産地《せいさんち》です。沿岸部《えんがんぶ》の産地《さんち》は東日本大震災《ひがしにほんだいしんさい》で甚大《じんだい》な被害《ひがい》を受《う》けましたが、復興《ふっこう》を経《へ》て、震《しん》災前《さいまえ》の生産量《せいさんりょう》を取《と》り戻《もど》しつつあります。宮城《みやぎ》には楽《たの》しいいちご狩《が》りスポットがたくさんあります。なるこっつぁんのようにお腹《なか》いっぱいになるまで食《た》べられますよ。

ベリーグッドだっちゃ

すす

「し」と「す」

「し」と「す」の発音《はつおん》を区別《くべつ》しないのが仙台弁《せんだいべん》の面白《おもしろ》い特徴《とくちょう》のひとつです。そのため、寿司《すし》が「すす」になったり、すろいすす（白石市《しろいしし》）、いのすす（猪《いのしし》）、すすおどす（ししおどし）、すすめぇ（獅子舞《ししまい》）、すんぶんす（新聞紙《しんぶんし》）と聞《き》こえます。

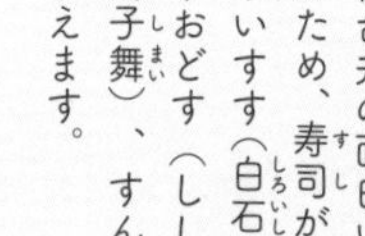

つづ

聞《き》き分《わ》けられる？

「地図《ちず》」「土《つち》」「知事《ちじ》」そして「筒《つつ》」
全部仙台弁《ぜんぶせんだいべん》では同《おな》じように聞《き》こえます。
普段仙台弁《ふだんせんだいべん》を聞《き》き慣《な》れない人《ひと》はどれも
一緒《いっしょ》に聞《き》こえますが、アクセントが微《び》
妙《みょう》に違います。
全部《ぜんぶ》聞《き》き分《わ》けられたら、あなたも仙台《せんだい》
弁《べん》マスター!?

春がきた

長い冬が終わって
春がやってきたっちゃ！
ピピッ
チーチー
鳥のさえずりが聞こえて
花もきれいに咲いてるなや～
……
ハックション
ハックション
ブェックシッ
花粉症の季節だなや～
マスクしさいん

春《はる》の陽気《ようき》に…

春《はる》は花粉《かふん》が多《おお》くて大変《たいへん》です。寒《さむ》い冬《ふゆ》が終《お》わって、せっかくあたたかくなってきたのに…。花粉症《かふんしょう》に悩《なや》ませられるのはこけしちゃん達《たち》も一緒《いっしょ》のようです。ひどくならないうちに早《はや》めの対策《たいさく》をしましょうね。ブェックシッ。

ビー
ビー
花粉注意報発令中だっちゃ！

おがっつぃ

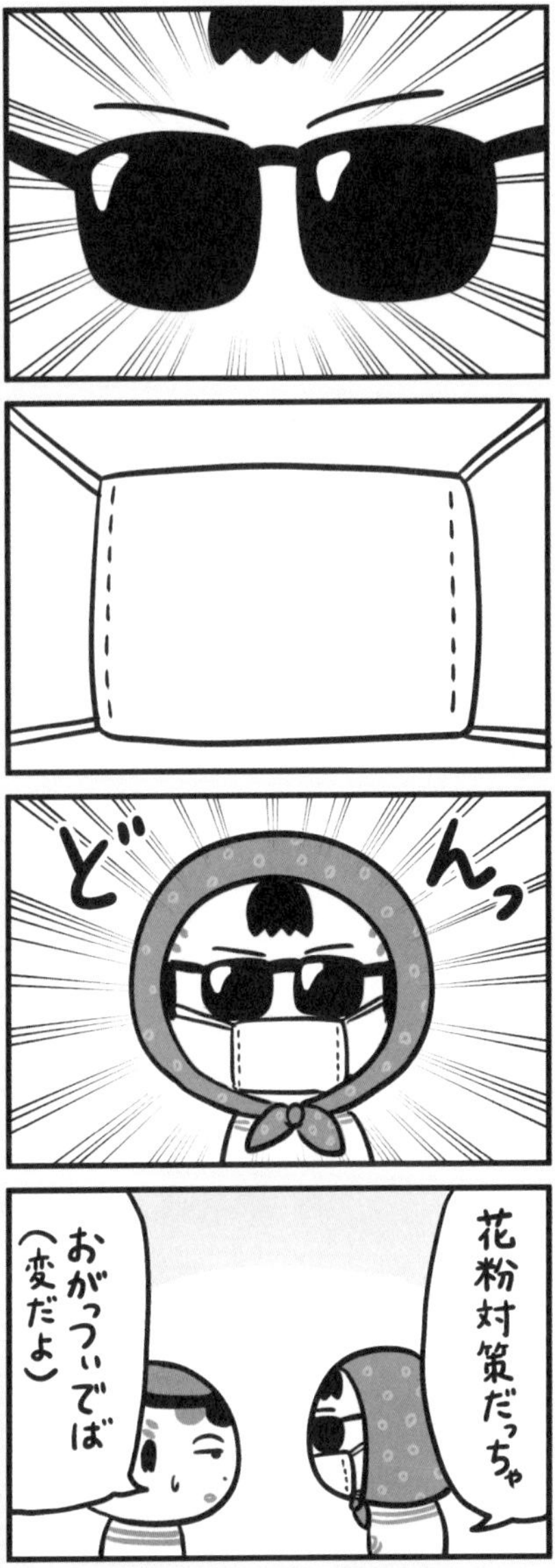
どんっ
花粉対策だっちゃ
おがっつぃでば（変だよ）

おがっつぃ人《ひと》

「おがっつぃ」は「面白《おもしろ》い、おかしい、変《へん》だ」という意味《いみ》です。

「このお笑《わら》い芸人《げいにん》さん、おがっつぃごだ〜！」（このお笑《わら》い芸人《げいにん》さん、面白《おもしろ》いなぁ！）などと使《つか》います。

なるこっつぁんは花粉対策《かふんたいさく》をしすぎて、怪《あや》しい人《ひと》になっていますね。

ほっかぶり（頬《ほお》かむり）って…

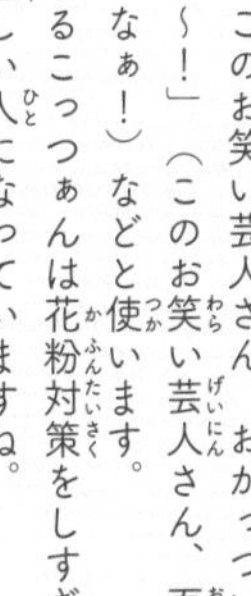

おらの犬

愛犬《あいけん》ゴロ

なるこっつぁんの愛犬《あいけん》ゴロが登場《とうじょう》です。優《やさ》しくて賢《かしこ》いゴロは、なるこっつぁんに「お手《て》」と言《い》われて困《こま》っています。こけしの事情《じじょう》で手《て》がないので…。ちなみになるこっつぁんには愛猫《あいびょう》「ハナちゃん」もいます。なるこっつぁんは犬《いぬ》と猫両方《ねこりょうほう》飼《か》っているのです。

山菜採り

ばんつぁんと山菜採りさ来たっちゃ〜
タラっぽ(タラの芽)あっかや〜♪
んだなや〜
あいや!?
まさか… 骨…?
おらの入れ歯だっちゃ〜
ずっとたねでだのっしゃ
(ずっと探していたの)
フガフガ

タラっぽ

春《はる》になるとなるこっつぁんは、ばんつぁんと一緒《いっしょ》に山菜《さんさい》採《と》りに出《で》かけます。タラっぽ(タラの芽《め》)の天《てん》ぷらは、なるこっつぁんの大好物《だいこうぶつ》なので、はりきっていたのですが、まさかの「歯《は》」を発見《はっけん》してしまうなんて…。骨《ほね》だと思《おも》ったら、ばんつぁんが前《まえ》に落《お》としていた入《い》れ歯《ば》でした(笑《わら》)

ズコー

田舎あるある

おてんとさん出はってきて
洗濯日和だなや〜
すかっと乾くといいなや〜
もく
もく
もく
ん？
なんだべ！ばんつぁん（ばぁちゃん）ゴミば燃やすなや
もく
もく
洗濯物いぶ臭くなっぺや（煙臭くなるでしょ）
も〜

いぶ臭《くさ》い

「いぶ臭《くさ》い」は煙臭《けむりくさ》いという意味《いみ》です。田《た》んぼで野焼《のや》きをすると周辺一帯《しゅうへんいったい》がいぶ臭《くさ》くなります。

昔《むかし》はよく家《いえ》の敷地《しきち》でゴミを焼《や》いていたものです。煙《けむり》にいぶされた洗濯物《せんたくもの》は洗《あら》う前《まえ》より臭《くさ》くなってしまい、気《き》が滅入《めい》ります。ばんつぁんVSなるこっつぁんのバトルは続《つづ》きます。

いぶくせぇ

ほっくり返す

埋蔵金《まいぞうきん》!?

「ほっくり返《かえ》す」は土《つち》などを掘《ほ》り返《かえ》すことです。賢《かしこ》い愛犬《あいけん》ゴロは、土《つち》の中《なか》に何《なに》かあると感《かん》じたようです。まさか伊《だ》達政宗《てまさむね》の埋蔵金《まいぞうきん》…!? なるこっつぁんは欲丸出《よくまるだ》しで掘《ほ》り返《かえ》してみましたが、出《で》てきたものは…。

雨の日

～仙台駅・ステンドグラス前～
なるこっつぁん遅いなや～
雨で電車遅れでんのがや～
お待たせしてごめんなしてけらいん(ごめんなさいね)
スッ
!!
なるこっつぁんそのあだま(頭)!?
湿気で髪の毛はっぱりまどまんねがった～(さっぱりまとまらなかった～)

仙台駅《せんだいえき》の待《ま》ち合《あ》わせ

仙台駅《せんだいえき》での待《ま》ち合《あ》わせ場所《ばしょ》といえば、ステンドグラス前《まえ》です。以前《いぜん》はステンドグラス横《よこ》に伊達政宗公《だてまさむねこう》騎馬像《きばぞう》があり、待《ま》ち合《あ》わせといえば「伊達前《だてまえ》で」が定番《ていばん》でした。（騎馬像《きばぞう》は2008年《ねん》、岩出山《いわでやま》に移設《いせつ》）2020年《ねん》、仙台駅《せんだいえき》3階奥《かいおく》に新《あたら》しい伊達政宗公騎馬像《だてまさむねこうきばぞう》が設置《せっち》されました。

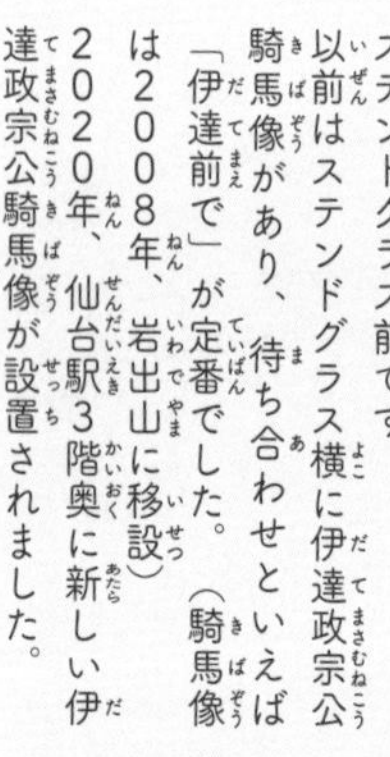

旧伊達前

ケロケロ

カエル？

「〜してけろ」は「〜してください、〜してくれ」と何《なに》かをお願《ねが》いする時《とき》に使《つか》います。「けろ」の由来《ゆらい》は「くれ」の古《ふる》い命令形《めいれいけい》「くれろ」で、それが変《へん》化《か》して「けろ」になりました。

ケロケロとカエルのようですが、献身《けんしん》的《てき》な看病《かんびょう》のおかげで、ケロっと治《なお》ってよかったですね。

場所取り

わくわく・ハカハカ（ドキドキ）で
眠れない↓
ギンギン

ハカハカ

お友達《ともだち》と一緒《いっしょ》に花見《はなみ》をすることになったなるこっつぁん。
「場所取《ばしょと》りはまがしぇろ！（任《まか》せて！）」と張《は》り切《き》って前日《ぜんじつ》の夜《よる》から場所取《ばしょと》りです。
寝袋《ねぶくろ》を持参《じさん》して準備万端《じゅんびばんたん》ですが、ワクワク・ハカハカ（ドキドキ）して眠《ねむ》れません。

花見

最高の花見日和だなや〜
なるこっつぁん先に来てるって言ってたげっとも…
キョロ
キョロ
どごさいんのかや〜
（どこにいるのかな〜）
おーい
まさかの前日入りすかや
そのまなぐなじょすたの
（その目どうしたの）

まなぐギンギン

晴《は》れて最高《さいこう》のお花見日和《はなみびより》。なるこっつぁんは前日《ぜんじつ》から場所取《ばしょと》りをしていたのですが、楽《たの》しみすぎて一睡《いっすい》もできなかったようです。

まなぐ（目《め》）がギンギンでまっ赤《か》です。

寝袋《ねぶくろ》にはいつまで入《はい》っているのかな？

楽《たの》しいお花見《はなみ》になるといいですね。

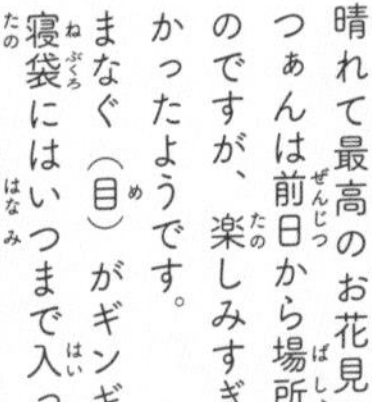

遅刻

バッ
なんだべまず遅刻だっちゃ!!
ガバッ
なじょすっぺ（どうしよう）
……
日曜だったっちゃ
ふ〜っ

なじょすっぺ

春眠暁《しゅんみんあかつき》を覚《おぼ》えず。春《はる》の夜《よる》は心地《ここち》よく、朝《あさ》になったことに気《き》づかずに眠《ねむ》り込《こ》んでしまいがちですね。

なるこっつぁんも眠《ねむ》りすぎてしまって「なじょすっぺ」（どうしよう）と焦《あせ》っています。日曜《にちよう》でお休《やす》みだったことに気《き》づき、安《あん》心《しん》して二度寝《にどね》をする、なるこっつぁんなのでした。

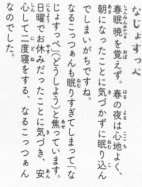

うるかす

ばんげ(晩ごはん)の支度すっぺ
米をといで
うるかすべ
「うるかす」とは米などを水に浸して水分を吸わせること
洗う前の食器を水に浸すことも「うるかす」と言う(食器をうるかす)
URUKASU
米をうるかす時間が足りない時や、水の分量が少ない時に、炊き上がりが「こっぱしく」なることもある
こっぱしい

「こっぱしぃ」はご飯がかたいこと。県北でよく使われる方言。

広《ひろ》く使《つか》われている方言《ほうげん》

「うるかす」は北海道《ほっかいどう》や東北《とうほく》などで広《ひろ》く使《つか》われている言葉《ことば》です。お米《こめ》や豆《まめ》、乾物《かんぶつ》などに水分《すいぶん》を浸透《しんとう》させることをいいます。

こびりついた汚《よご》れを落《お》とすために、食器《しょっき》などを水《みず》に浸《ひた》すことも「うるかす」と言《い》います。

もしかして?

今日は遠刈田温泉さ
きたっちゃ〜
いい気持づだなや〜
ゆらっ…
あいや?
やじろうちゃん
あいづ猿でねぇか?
おら猿でねぇ!!!
ムキーッ
とおがったちゃん →
あいやーっ

遠刈田温泉《とおがったおんせん》

蔵王《ざおう》の遠刈田温泉《とおがったおんせん》は、四季折々《しきおりおり》の自然《しぜん》に囲《かこ》まれた情緒《じょうちょ》たっぷりの温泉《おんせん》です。開湯約《かいとうやく》400年《ねん》という歴史《れきし》ある温泉街《おんせんがい》は、源泉《げんせん》かけ流《なが》しのお湯《ゆ》が楽《たの》しめ、県《けん》内外《ないがい》から多《おお》くの観光客《かんこうきゃく》が訪《おとず》れます。猿《さる》に間違《まちが》われたとおがったちゃんは遠《とお》刈田出身《がったしゅっしん》のこけしちゃんです。

ふーっ

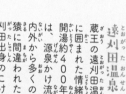

コーシー牛乳

プハーッ
やっぱす温泉上がりに飲むコーシー牛乳はうめっちゃ〜
……
コーヒー
ガゴンッ
コーヒー
コーヒー
コーヒー
コーヒー
はいっ とおがったちゃんさも けっから（あげるよ）
…べっ
コーヒー
べつにうれしくねっちゃ！
かぁぁっっ
よろこんでっちゃ
よろこんでっちゃ
コーヒー

けっから

温泉《おんせん》に入《はい》った後《あと》のコーシー（コーヒー）牛乳《ぎゅうにゅう》は格別《かくべつ》ですよね。遠目《とおめ》でなるこっつぁんを見《み》つめるとおがったちゃん。けっから（あげるよ）と差《さ》し出《だ》されたコーシー牛乳《ぎゅうにゅう》を素直《すなお》にもらえないとおがったちゃんですが、隠《かく》しきれない喜《よろこ》びが表情《ひょうじょう》に出《で》ています。

嫌いじゃねっちゃ

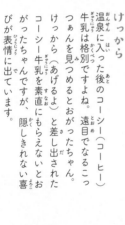

茶柱

コポコポ
あ
茶柱だっちゃ
コツコツ
宝くじ
そだに宝くじ買ってなじょしたの(どうしたの)
ドキーン

朝茶《あさちゃ》は福《ふく》が増《ま》す

新茶《しんちゃ》は冬《ふゆ》の間《あいだ》に蓄《たくわ》えられた養分《ようぶん》が豊富《ほうふ》に含《ふく》まれていて、深《ふか》い旨《うま》みがあっておいしいです。「朝茶《あさちゃ》は福《ふく》が増《ま》す」といって、朝《あさ》、茶《ちゃ》を飲《の》めばその日《ひ》良《よ》いことがあるとされています。なるこっつぁんは毎朝《まいあさ》お茶《ちゃ》を飲《の》んでいますが、茶柱《ちゃばしら》を発見《はっけん》しました。何《なに》か良《よ》いことがあるといいですね。

いっ茶《ちゃ》

たねる

探《さが》し物《もの》

探《さが》すという意味《いみ》の「尋《たず》ねる」に由来《ゆらい》する言葉《ことば》です。京《きょう》ことばの「たんねる」も「探《さが》す、みてまわる」という意味《いみ》なので、京《きょう》の都《みやこ》から広《ひろ》く全《ぜん》国《こく》に伝《つた》わり、東北《とうほく》では「たねる」と使《つか》われるようになったようです。なるこっつぁんは一体何《いったいなに》をたねていたのでしょうね。

カラオケ

おしょすい

恥《は》ずかしがり屋《や》のさくなみちゃんが実《じつ》はヘビメタ好《ず》きだった…というオチはさておき、「おしょすい」は恥《は》ずかしいという意味《いみ》です。

おしょすいは、「笑止《しょうし》」が語源《ごげん》だといわれています。昔《むかし》の人《ひと》はばかばかしくて笑《わら》ってしまうようなことを恥《は》ずかしいと受《う》け止《と》めたのかもしれませんね。

ゾンビ映画

おっかねぇ

「おっかねぇ」は「怖《こわ》い、恐《おそ》ろしい」という意味《いみ》で、東日本一帯《ひがしにほんいったい》に広《ひろ》く浸透《しんとう》しています。

ゾンビ映画《えいが》を見《み》ておっかながる（怖《こわ》がる）なるこっつぁん達《たち》ですが、さくなみちゃんは平然《へいぜん》とした顔《かお》。ますますさくなみちゃんの謎《なぞ》は深《ふか》まるばかりです。

良い一日《いづぬづ》に
なっといいなや〜

夏編

バーベキュー
天気いいからバーベキューすっぺ
にぐー
火おこしはまがしぇろ！（任せて！）
キラーン
もく
もく
もく
もく
なんだべ炭しけってだわー（湿気ってたよ）
いぶくせーごだ（煙くさいよー）
もく もく
もく もく もく もく

古《ふる》い炭《すみ》

長《なが》い間《あいだ》保管《ほかん》していた炭《すみ》は湿気《しけ》っていることが多《おお》く、煙《けむり》がもうもうとしてしまい、火《ひ》がつきにくいことも。古《ふる》い炭《すみ》は事前《じぜん》に天日干《てんぴぼ》しをすると良《よ》いそうです。いぶ臭《くさ》く（煙臭《けむりくさ》く）なってしまったこけしちゃん達《たち》ですが、久《ひさ》しぶりのバーベキューなので楽《たの》しそうです。

にぐ、け
肉、食べて

ビッキ

しずね

「しずね」は「うるさい、騒《さわ》がしい」という意味《いみ》です。ビッキ（カエル）の大合唱《だいがっしょう》は田舎《いなか》の夜《よる》の、あるあるです。なるこっつぁんはビッキの声《こえ》が気《き》になっているようですが、ビッキよりなるこっつぁんの「イビキ」の方《ほう》が、しずねと思《おも》うやじろうちゃんなのでした。

流しそうめん

流《なが》し○○

夏《なつ》の風物詩《ふうぶつし》といえば流《なが》しそうめん。本《ほん》物《もの》の竹《たけ》で流《なが》しそうめんとは、なかなか本格的《ほんかくてき》なこけしちゃん達《たち》です。食《く》い意地《いじ》がすごいなるこっつぁんは、絶対《ぜったい》にそうめんをゲットしようとしましたが、ゲットしたのはなんと…。ばんつぁん！　ちゃんと入《い》れ歯《ば》くっつけておいて！

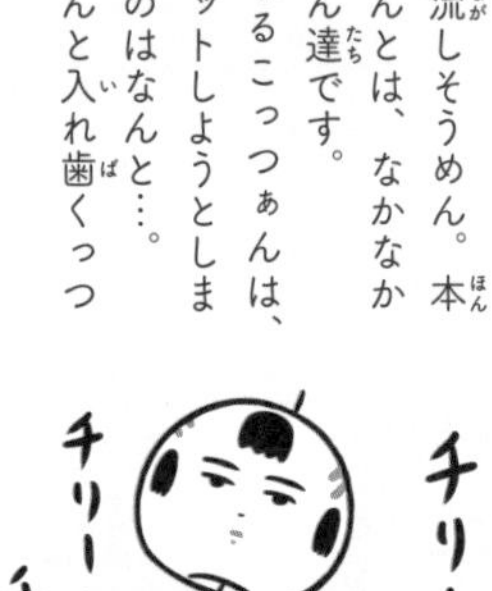

熱中症

ばんつぁんそろそろ休憩しさいん
せっせっ
あづくて熱中症になったらわがんねよ〜
（いけないよ）
夢中
せっせっ
ばんつぁん休まいん
わがったわがった
も〜
ゴクゴク
ふーーっ
こまめに水分補給して、無理せず涼しい所で休んでけさいん

適度《てきど》に休《やす》まいん

夏《なつ》は熱中症《ねっちゅうしょう》に要注意《ようちゅうい》。畑仕事《はたけしごと》や雑草取《ざっそうと》りに夢中《むちゅう》になってしまうと、ついつい水分《すいぶん》をとるのを忘《わす》れがちになってしまいます。

何度《なんど》言《い》っても聞《き》かないばんつぁんに、とうとうなるこっつぁんはごっしゃきます（怒《おこ》ります）。作業《さぎょう》を中断《ちゅうだん》してでも、適度《てきど》に休《やす》むことは大事《だいじ》ですね。

夏休み

仙台七夕花火祭《せんだいたなばたはなびまつり》

花火大会《はなびたいかい》に来《き》たこけしちゃん達《たち》。見事《みごと》な花火《はなび》に歓声《かんせい》をあげています。仙台七夕花火祭《せんだいたなばたはなびまつり》は仙台七夕《せんだいたなばた》の前夜祭《ぜんやさい》として1970年《ねん》から続《つづ》いています。杜《もり》の都《みやこ》・仙台《せんだい》の街並《まちなみ》みから見《み》える花火《はなび》は圧巻《あっかん》です。毎年仙台市民《まいとしせんだいしみん》はもちろん、全国《ぜんこく》から多《おお》くの人達《ひとたち》が来《き》て花火祭《はなびまつり》を楽《たの》しみます。

すかパラダイス

丁寧《ていねい》な質問《しつもん》

「〜すか」は「〜ですか」という意味《いみ》で、何《なに》かを尋《たず》ねる時《とき》に使《つか》う丁寧《ていねい》な質問《しつもん》です。こけしちゃん達《たち》は「すか」を連呼《れんこ》しながら楽《たの》しい海外旅行《かいがいりょこう》をしています。常夏《とこなつ》の海《うみ》でこんがり日焼《ひや》けを楽《たの》しむ、なるこっつぁんです。

スイカ割り

しだり！
（左！）
しだりだっちゃ
（左だよ）
もっとめ（もっと前）
め！め！
（前！前！）
うっしょっ
（後ろ）
うっしょだでば
（後ろだよ）
ばぁちゃん何言ってるか
全然わかんないよ！
あいや？

ばんつぁんの声援《せいえん》

夏休《なつやす》み、遠方《えんぽう》に住《す》んでいるお孫《まご》ちゃんが遊《あそ》びに来《き》て、ばんつぁん宅《たく》でスイカ割《わ》りをしています。

なんとかスイカを割《わ》ってもらおうと、ばんつぁんの訛《なま》った声援《せいえん》が面白《おもしろ》いですね。「め」とか「うっしょ」って言《い》われてもお孫《まご》ちゃんは何《なに》を言《い》っているか全然《ぜんぜん》わかりません。

なんでも「こ」

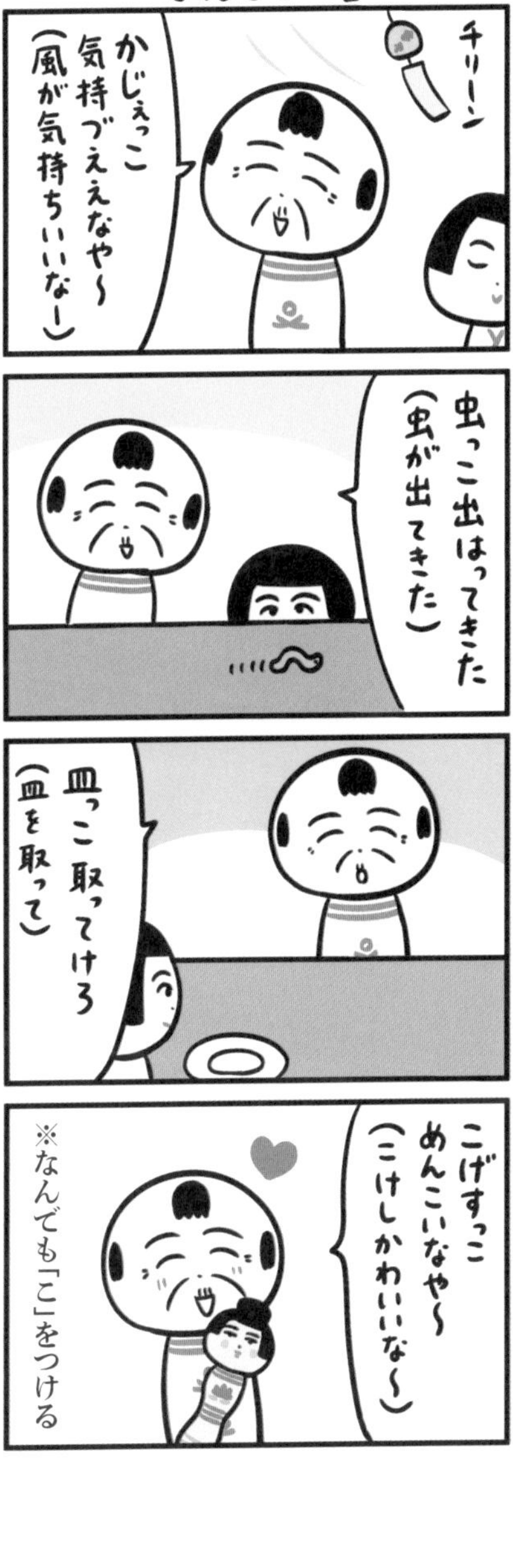
チリーン
かじぇっこ気持づええなや〜
（風が気持ちいいなー）
虫っこ出はってきた
（虫が出てきた）
皿っこ取ってけろ
（皿を取って）
こげすっこめんこいなや〜
（こけしかわいいな〜）
※なんでも「こ」をつける

小《ちい》さく愛《あい》らしいもの

仙台弁《せんだいべん》は名詞《めいし》によく「こ」をつけます。お茶《ちゃ》っこ、犬《いぬ》っこ、飴《あめ》っこ、などです。「こ」は指小辞《ししょうじ》と呼《よ》ばれるもので、ある言葉《ことば》に小《ちい》さいとか少《すく》ないといった意《い》味《み》を加《くわ》えます。

「雪《ゆき》っこ」は少量《しょうりょう》の雪《ゆき》という意味《いみ》です。小《ちい》さいものや弱《よわ》そうなもの、愛《あい》らしいものにつけることが多《おお》いです。

ラヅオ体操

いっづぬ～
さんっす～
ごーっろぐ
すづっはづっ
ゴギッ
あいやっ
お大事にしてけさいん(お大事にしてね)
慣れねぇことはするもんでねぇな…

数《かず》の数《かぞ》え方《かた》

「いづ、ぬ～、さん、す～、ご～、ろぐ、すづ、はづ」なるこっつぁんが数《かず》を数《かぞ》えるとこのように訛《なま》ります。実際《じっさい》に東北弁《とうほくべん》の号令《ごうれい》で行《おこな》うラジオ体操《たいそう》もあります。方言《ほうげん》でラジオ体操《たいそう》をすると自然《しぜん》と笑顔《えがお》になりますね（なるこっつぁんはお大事《だいじ》に）。

気ぃつけでね～
ミーン ミン ミーン
気をつけてね

短い

一文字言葉《ひともじことば》

仙台弁《せんだいべん》には短《みじか》い言葉《ことば》でコミュニケーションが取《と》れる便利《べんり》な言葉《ことば》があります。「く」は「食《た》べる」、「け」は食《た》べなさい、「こ」は来《き》なさい、です。「こっちゃこ」はこっちに来《き》なさい、という意味《いみ》です。

一文字《ひともじ》で会話《かいわ》をすると、暗号《あんごう》のような面白《おもしろ》さがあります。

日焼け対策

ジリ
ジリ
あづいなや～
紫外線はお肌の
大敵だっちゃ！
までぇに日焼け止め
ぬったぐんねぇと
わがんね
（丁寧に日焼け止め
ぬらないといけない）
サッ
SPF
ぬり
いづまで
ぬったぐってん
のっしゃ？
もう夜
だでば…
ぬり
ぬり
ぬり

↑（いつまでぬってるの？もう夜だよ…）

までぇに

なるこっつぁん、随分《ずいぶん》ぬったぐって（塗《ぬ》りたくって）いますね。美肌《びはだ》を保《たも》つのも大変《たいへん》です。

「までぇに」は「丁寧《ていねい》に、じっくりと、きちんと」という意味《いみ》です。この言葉《ことば》は「完全《かんぜん》であるさま」を意味《いみ》する古語《こご》「マタシ（全《また》し）」が「マタイ」を経《へ》て「マテー」に転《てん》じたそうです。

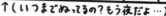

おれさま

おれさま

雷《かみなり》の「おらい（雷《らい》）さま」が元《もと》になった仙台弁《せんだいべん》です。

「おれさま」だけでなく、「おれさん」「らいさま」「れいさま」など地域《ちいき》によって呼《よ》び方《かた》が様々《さまざま》あります。「おてんとさま」など昔《むかし》の人《ひと》が自然現象《しぜんげんしょう》に「さま」をつけるのは、自然《しぜん》に対《たい》して畏怖《いふ》の念《ねん》を感《かん》じていたからなのでしょう。

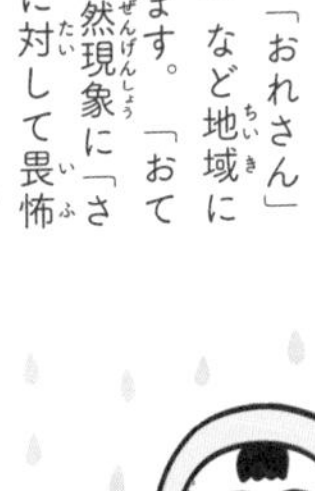

問診

オノマトペ

仙台弁《せんだいべん》には体《からだ》の症状《しょうじょう》を表《あらわ》すオノマトペ（擬態語《ぎたいご》、擬声語《ぎせいご》）があります。あふらあふら（呼吸《こきゅう》が苦《くる》しいさま、ふうふう）、ずかずか（ちくちく、ずきずき、刺《さ》すような痛《いた》み）など様々《さまざま》あります。4コマのように仙台弁《せんだいべん》オノマトペがしっかりわかるお医者《いしゃ》さんだと心強《こころづよ》いですね。

毎日がすぺしゃる

飲むすぺ
（飲もうよ）
居酒屋
行ぐすぺ
（行こうよ）
ホヤ
牛タン
けるすぺ
（帰ろうよ）
ねるすぺ
（寝ようよ）
…すぺ
ムニャ
ムニャ

「すぺ」

「～すぺ」「～すっぺ」は「～しましょう、～しようよ」という意味《いみ》です。「～すぺ?」と語尾《ごび》が上《あ》がって疑問形《ぎもんけい》になると「～ですよね?」という意味《いみ》になります。「飲《の》むすぺ?」は「飲《の》みますよね?」、「行《い》ぐすぺ?」は「行《い》きますよね?」となります。

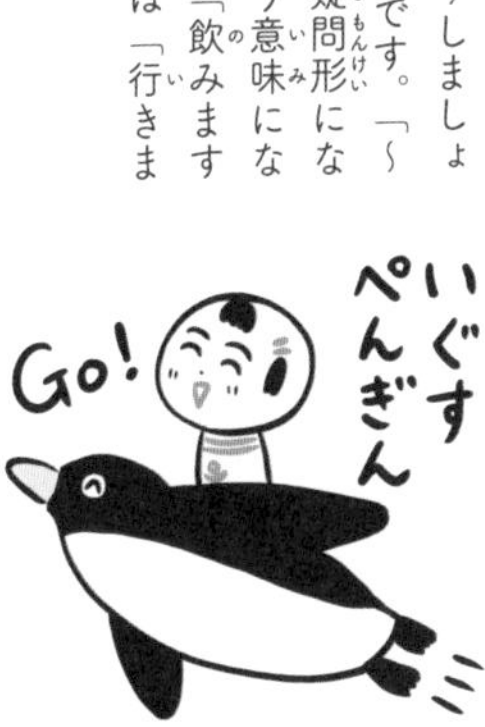
Go!
いぐすぺんぎん

仙台弁クイズ①

目は仙台弁で「まなぐ」
まなぐ
あごは「おどげ」
おどげ
んではここは?
ここ →
え〜と…………………
……??
ブー!! 時間切れ! 正解は「あぐど」"かかと"のことだっちゃ
Boooo!!
このクイズムリがあっちゃ…

身体部位《しんたいぶい》の呼《よ》び方《かた》

「頬《ほお》」は「ほったぶ」、「後頭部《こうとうぶ》」は「ぶんのごど」など身体部位《しんたいぶい》の呼《よ》び方《かた》にも方言《ほうげん》があります。なるこっつぁんは自分《じぶん》の体《からだ》で仙台弁《せんだいべん》クイズを出《だ》していますが、やじろうちゃんは苦戦《くせん》しています。

こけしの事情《じじょう》で「かかと」の場所《ばしょ》がわかりづらい…。

ドヤ

仙台弁クイズ②

額《ひたい》は？「してこび」
眉毛は？「このげ」
ひじは？「ひじつり」
ひざは？「ひじゃかぶ」
どこからひざ？
体の仙台弁クイズはむずかすぃなや…
全部胴にしか見えねっちゃ…こけしだし…
んではサービス問題だっちゃ！ここは？
キュッキュッ
首鳴ってる！
首は「くぴた」だっちゃ〜

※鳴子こけしは首が鳴る

このげ

「このげ」は「顔《かお》の毛《け》」が次第《しだい》に変化《へんか》してできた言葉《ことば》です。江戸《えど》時代《じだい》には東《とう》北地方《ほくちほう》で眉毛《まゆげ》を「こうのけ」と呼《よ》んでいたと言《い》います。

こけしちゃん達《たち》の仙台弁《せんだいべん》クイズはどこまで続《つづ》くのでしょう。顔《かお》はともかく、首《くび》から下《した》のクイズは難《むずか》しいですね。

花火

パチ パチ
パチ パチ
パチ パチ
風流だなや～
次はどの花火やっぺ？
プーン
かいくてわがんね（かゆくてしょうがない）
虫刺されすぎっ

わがんね

蚊《か》に刺《さ》されて顔《かお》が大変《たいへん》なことになってしまったなるこっつぁん。

「～わがんね」は「わからない」の他《ほか》に「～してしょうがない、～したらだめだ、できない」という意味《いみ》もあります。例《たと》えば「寒《さむ》くてわがんね」は「寒《さむ》くてしょうがない」という意味《いみ》です。

アイスの当たり？

シャク
シャク
あっ
あ
ありがとうござりす
(ありがとうございます)
どいな意味なんだべ
(どういう意味だろう)
これは当たりなのかや？
(当たりなのかな？)

ありがとうござりす

「ござりす」は「ございます」という意味《いみ》で、敬意《けいい》を表《あらわ》す仙台弁《せんだいべん》です。「ありがとうござりす」は「ありがとうございます」「おはようござりす」は「おはようございます」という意味《いみ》です。「ござりす」は年配《ねんぱい》の方《かた》が使《つか》い、最近《さいきん》の若《わか》い方《かた》はあまり使《つか》わないようです。

願い事

やじろうちゃんはどいな願い事したのっしゃ？
「みんなが笑顔ですごせますように」って書いたっちゃ〜
いいなやー
なるこっつぁんは？
おらは…
「いずい」が全国さ広まりますように
目指せ！全国共通語だっちゃ
んだんだ
いずい（違和感があること）いずいが他県で通用しなくていずいんだっちゃ〜

目指《めざ》せ全国共通語《ぜんこくきょうつうご》

七夕《たなばた》の願《ねが》い事《ごと》、それは「いずい」を全《ぜん》国《こく》に広《ひろ》めることだと言《い》うなるこっつぁん。「いずい」は、違和感《いわかん》がある、しっくりこない、着心地《きごこち》が悪《わる》い、居心地《いごこち》が悪《わる》いという意味《いみ》なのですが、どの訳《やく》もしっくりこず「いずさ」が残《のこ》ります。便利《べんり》な言葉《ことば》なので、全国《ぜんこく》に広《ひろ》まるといいですね。

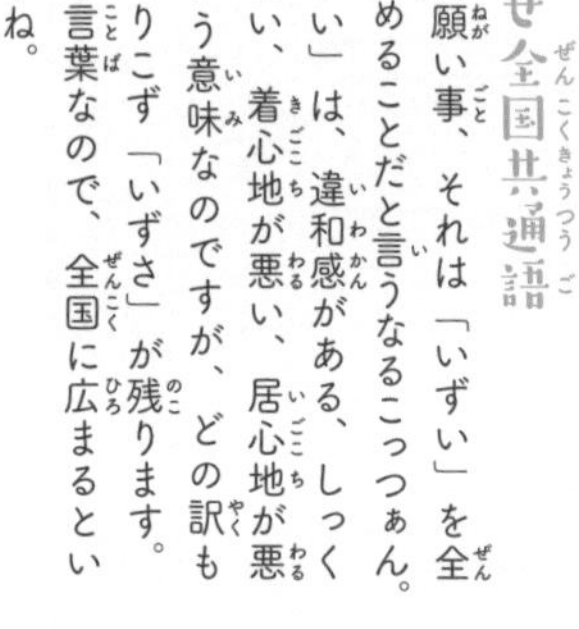

すっぱね

すっぱね上《あ》がる

雨《あめ》の日《ひ》に足《あし》や服《ふく》につく泥跳《どろは》ね、服《ふく》の裾《すそ》に跳《は》ね上《あ》がってくる泥《どろ》や水《みず》を「すっぱね」と呼《よ》びます。

なるこっつぁん、すっぱねを通《とお》り越《こ》してでろ（泥《どろ》）だらけです。

雨《あめ》の日《ひ》はすっぱね上《あ》げねよう、気《き》ぃつけて歩《ある》がいん（雨《あめ》の日《ひ》は泥《どろ》が跳《は》ね上《あ》がらないように、気《き》をつけて歩《ある》きなさいね）。

若者

仙台弁？
しゃべんないな～
←ハヤト
大学1年生
あれって
おじいちゃん
おばあちゃんが
使う言葉でしょ？
ププッ
オレらの世代が
使ったら
いきなり
恥ずかしいって
あんだ
なまってっちゃ
「いきなり」は
思いっきり
仙台弁だべ
え!?
え、えっ

「いきなり」→とても、すごく

いきなり

ハヤトくんは宮城《みやぎ》出身《しゅっしん》の大学一年生《だいがくいちねんせい》。上京《じょうきょう》して東京《とうきょう》の大学《だいがく》へ通《かよ》っています。本人《ほんにん》は訛《なま》っているつもりがなくても、自然《しぜん》と方言《ほうげん》が出《で》てしまうハヤトくん。「いきなり」は「とても、すごく」という意味《いみ》の仙台弁《せんだいべん》です。「いきなり」がもっと訛《なま》ると「いぎなし」となります。

キラーーン

だから

「だから」は仙台弁で同意や共感（そうだよね）の意味。決して「だから何？」と怒っているわけではない。

同意《どうい》の言葉《ことば》

県外《けんがい》の人《ひと》がよく驚《おどろ》く言葉《ことば》が「だから」です。ハヤトくんは同意《どうい》の相槌《あいづち》を打《う》っていたのですが、友達《ともだち》は勘違《かんちが》いして怒《おこ》ってしまいました。

「だから何《なに》？」と相手《あいて》を問《と》い詰《つ》めているのではなく「そうだよね」と相手《あいて》に同意《どうい》しています。「だから」がもっと訛《なま》ると「んだがら」になります。

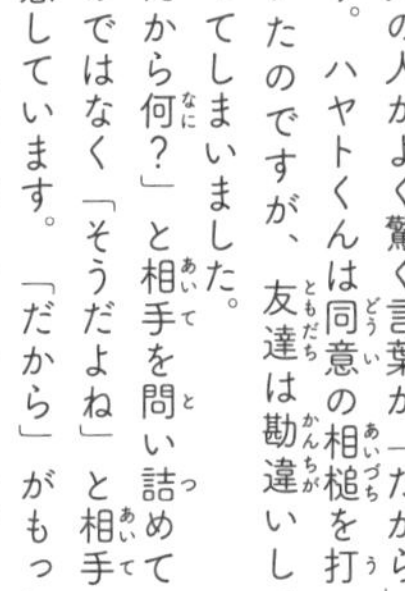

いずい

※いずい…違和感がある、フィットしない 居心地が悪い、など

「えずい」が元《もと》

違和感《いわかん》がある意味《いみ》の「いずい」という言葉《ことば》は元々《もともと》、「えずい」という言葉《ことば》で室町時代《むろまちじだい》の京都《きょうと》で使《つか》われていました。「えずい」は「恐《おそ》ろしくてぞっとするような」という意味《いみ》です。江戸時代《えどじだい》に「えずい」が関東《かんとう》で意味《いみ》が変《か》わり、現代《げんだい》の仙台弁《せんだいべん》のような意味《いみ》になりました。

ツーブロック

今日はどいなぐすっぺ？
（今日はどうしますか？）
ツーブロックにしてけさいん
流行ってるし…
わがりすた
（わかりました）
つーぶろっくってなんだべ？
シャキン
シャキン
はい できたっちゃ～
ら…
らずもねぇ!!
（とんでもない!!）
ピカー
あいや？

らずもねぇ

「らずもねぇ」は「大変《たいへん》な、とんでもない」という意味《いみ》です。

「おらのぬどいも、いのすすさみなやらったんだおんや～ らずもねぇなや～」（私《わたし》の家《いえ》のじゃがいも、イノシシに全部《ぜんぶ》食《た》べられちゃったんだよ。大変《たいへん》だよ）などと使《つか》います。

マイペースに
いぐすぺ～

秋編

おセンチな秋

仙台名物《せんだいめいぶつ》牛《ぎゅう》タン

仙台名物《せんだいめいぶつ》として全国《ぜんこく》に知《し》れ渡《わた》っている牛《ぎゅう》タン。なぜ牛《ぎゅう》タンが仙台《せんだい》で有名《ゆうめい》になったかというと、戦後《せんご》の食糧難《しょくりょうなん》の時《じ》代《だい》に牛《ぎゅう》タンの美味《おい》しい食《た》べ方《かた》を開発《かいはつ》した人《ひと》が仙台《せんだい》にいたからなのだそうです。牛《ぎゅう》タン定食《ていしょく》とはらこ飯《めし》、どちらにするか決《き》められないのは、幸《しあわ》せな悩《なや》みですね。

温泉

宮城《みやぎ》の温泉《おんせん》

宮城《みやぎ》には魅力的《みりょくてき》な温泉地《おんせんち》がたくさんあります。鳴子温泉《なるこおんせん》、作並温泉《さくなみおんせん》、遠刈田温泉《とおがったおんせん》、秋保温泉《あきうおんせん》、鎌先温泉《かまさきおんせん》、南三陸温泉《みなみさんりくおんせん》、中山平温泉《なかやまだいらおんせん》、鬼首温泉《おにこうべおんせん》、白石温泉《しろいしおんせん》、気仙沼温泉《けせんぬまおんせん》、青根温泉《あおねおんせん》、松島温泉《まつしまおんせん》…。気軽《きらく》に楽《たの》しめる足湯《あしゆ》もいいですね（こけしちゃん達《たち》は体《からだ》まで浸《つ》かってしまいましたが）。

半殺し

ズチャッ
ズチャッ
ズチャッ
ズチャッ
ばぁちゃん何やってるのかな…?
そ〜
ズチャッ
ズチャッ
ふ〜
ズチャッ
半殺しにすっか…
ばぁちゃんやめて!!
バンッ
ん?
おはぎ作ってる

※半殺し…もち米を半分ほどつぶすこと

もち米《ごめ》がつぶされた状態《じょうたい》

ずいぶん物騒《ぶっそう》なばんつぁんが出《で》てきましたが、「半殺《はんごろ》し」とはもち米《ごめ》が半分《はんぶん》ほどつぶされた状態《じょうたい》のことです。ばんつぁんはすりこぎ棒《ぼう》で「おはぎ」を作《つく》っていたのですね。お孫《まご》ちゃんは何事《なにごと》かと思《おも》い、びっくりしました。米粒《こめつぶ》が残《のこ》った状態《じょうたい》の「おはぎ」、美味《おい》しいですよね。

びっくりだなや

でぇごん
こどすのでぇごん
（今年の大根）
いぎなしおがったなや〜
（とても大きくなったなぁ）
どら引っこ抜いてみっぺか
（どれ、引っこ抜いてみよう）
んんん…
ズボッ
なんだべまずうんとセクスーなでぇごんだなや！
（あらまぁ！とてもセクシーな大根だな）

おがる

農家《のうか》にとって、農作物《のうさくぶつ》の「おがり」具《ぐ》合《あい》は気《き》になるところです。

「おがる」は「大《おお》きくなる、育《そだ》つ、成《せい》長《ちょう》する」という意味《いみ》です。植物《しょくぶつ》や動物《どうぶつ》、人間《にんげん》にも使《つか》います。

「隣《となり》のやろっこ、すばらぐみねうづにおがったなや〜」（隣《となり》の男《おとこ》の子《こ》、しばらく見《み》ないうちに大《おお》きくなったな〜）。

ジャズフェス

ジャズフェス盛り上がってるなやー
お待たせ〜
!?
なるこっつぁん
その格好!?
ジャス(ジャージ)
え?今日は「ジャスフェス」でねえの?
ちがうっちゃ

「ジャスフェス」でねぐ「ジャズフェス」だっちゃ〜

杜《もり》の都《みやこ》の音楽祭《おんがくさい》

「定禅寺《じょうぜんじ》ストリートジャズフェスティバル」（通称《つうしょう》ジャズフェス）は仙台《せんだい》の秋《あき》の風物詩《ふうぶつし》です。街中《まちなか》に音楽《おんがく》があふれ、たくさんの人々《ひとびと》が仙台《せんだい》を訪《おとず》れます。街角《まちかど》の至《いた》る所《ところ》がステージになっており、聴衆《ちょうしゅう》は飲食物片《いんしょくぶつかた》手《て》に無料《むりょう》で好《す》きな音楽《おんがく》を聞《き》くことができます。

読書の秋

どの本にすっかや〜
あったあったこれだっちゃー
トルストイ全集
いいなや〜なるこっつぁん
読書の秋だなや〜
あんべいっちゃー（ちょうど良いなー）
睡眠の秋すかやっ

あんべいい

なるこっつぁん、枕《まくら》にちょうど良《い》い厚《あつ》みの本《ほん》を探《さが》していたのかな？　寝《ね》ている間《あいだ》、本《ほん》の内容《ないよう》が頭《あたま》の中《なか》に入《はい》ってきたらいいのにね。

「あんべ」とは「具合《ぐあい》、状態《じょうたい》」の意味《いみ》です。「あんべ悪《わる》いから横《よこ》になる」（具《ぐ》合悪《あいわる》いから横《よこ》になる）「いいあんべだ」（良《い》い具合《ぐあい》だ）などと使《つか》います。

ふむ

だるまさんがころんだ

だーるーまー
さーんがー
そ〜…
ころんだっ
ピタッ
だーるーまー
さーんがー
そ〜…
つまかげしたっ
（つまずいた）
あいや
ガッ

つまかげ

石《いし》ころにつまかげして（つまずいて）なるこっつぁんピンチ。こけしの事情《じじょう》で、一度《いちど》転《ころ》んでしまうと起《お》き上《あ》がるのがおどげでねぇ（大変《たいへん》）です。おじいちゃんやおばあちゃん、足腰《あしこし》が弱《よわ》っている人《ひと》は、なんでもない道《みち》でもよくつまかげしてしまうので気《き》をつけてくださいね。

めっこ飯

今日のごはんはすんめぇだ！（新米だ！）
いっただきま〜す！
パクッ
もぐもぐ…
めっこ飯（芯が残っているごはん）だっちゃ〜
うわーん
水加減まづがった（間違えた）

米《こめ》どころ宮城《みやぎ》

宮城《みやぎ》は稲作《いなさく》に適《てき》した気候《きこう》と水資源《みずしげん》を活《い》かした日本屈指《にほんくっし》の米《こめ》どころです。秋《あき》は新米《しんまい》が美味《おい》しい季節《きせつ》です。でも、水加減《みずかげん》を間違《まちが》ってしまった時《とき》のがっかり感《かん》は…。「めっこ飯《めし》」は上手《うま》く炊《た》けず、芯《しん》が残《のこ》っているご飯《はん》のことです。新米《しんまい》を美味《おい》しく炊《た》いて、秋《あき》の味覚《みかく》を楽《たの》しみたいですね。

ハロウィン

近所の子ども
お菓子かしぇろ！（お菓子ちょうだい）
お菓子かしぇねど ちょしてまわっど！（お菓子くれないとイタズラしてまわるよ）
ヒヒヒ…
あいや〜 めんこいごだ〜
こいづけっから（これあげるよ）
ガサッ
ハッタギ（イナゴ）の佃煮
ギャアアッ
なんだべ あまっこくて うめぇど〜

↑（なんでしょう。甘くておいしいよ〜）

ハッタギの佃煮《つくだに》

昔《むかし》の人《ひと》は稲刈《いねか》り後《あと》の田《た》んぼでハッタギ（イナゴ）をたくさん捕《つか》まえ、佃煮《つくだに》にしておやつ代《が》わりに食《た》べていました。今《いま》の子《こ》ども達《たち》にとって、ハッタギの佃《つくだ》煮《に》は衝撃的《しょうげきてき》なビジュアルですね。「あまっこくてうめど」（甘《あま》くておいしいよ）と言《い》われても、ハロウィンのお菓子《かし》としては…。

おかしかしぇろ

おみょうぬづ

温《あたた》かい挨拶《あいさつ》

日没《にちぼつ》から夜《よる》にかけて使《つか》われる挨拶《あいさつ》「おばんです」。「おばんでがす」「おばんでござりす」とも言《い》います。別《わか》れ際《ぎわ》の挨拶《あいさつ》、「んでまず、おみょうぬづ」は「それではまた明日《あした》」という意味《いみ》です。

明日《あした》もまた会《あ》いましょうね、という繋《つな》がりを感《かん》じられる、温《あたた》かい挨拶《あいさつ》です。

芋煮会

秋は河原で芋煮会だっちゃ～
んだんだ
秋になっと宮城のコンビニでは薪を売ったり
スーパーでは芋煮会用鍋の貸出をするっちゃ※
※地域による
宮城の芋煮は味噌仕立てで豚肉を入れっちゃ～
里芋、大根、人参 ごぼう・ねぎ 白菜、きのこ、豆腐 こんにゃく、豚肉
いただきまーす！
んでもおらは山形風（牛肉入りしょうゆ仕立て）の方が好きだなや～
なにまず
（なんだって!?）

秋《あき》の楽《たの》しいイベント

宮城《みやぎ》の秋《あき》は河原《かわら》で芋煮会《いもにかい》。美味《おい》しい芋《いも》煮《に》を食《た》べながら紅葉《こうよう》を眺《なが》め、親睦《しんぼく》が深《ふか》まる楽《たの》しいイベントです。学校《がっこう》や町内《ちょうない》会《かい》の行事《ぎょうじ》で行《おこな》うこともあります。宮城《みやぎ》風《ふう》の芋煮《いもに》と山形風《やまがたふう》の芋煮《いもに》は、全《まった》く味《あじ》が違《ちが》います。どちらも美味《おい》しいので、こけしちゃん達《たち》のように意見《いけん》が割《わ》れることもあります。

水切り

ぺったらこい

川《かわ》でできる遊《あそ》び、水切《みずき》り。河原《かわら》で芋煮《いもに》会《かい》をすると、誰《だれ》かが必《かなら》ず始《はじ》めます。たくさん跳《は》ねさせるコツは石《いし》の形《かたち》です。ぺったらこい（平《ひら》べったい）石《いし》は水面《すいめん》をよく跳《は》ねます。

なるこっつぁん、どこから笹《ささ》かまぼこを出《だ》してきたのかな？

水切《みずき》りはぺったらこい石《いし》を使《つか》いましょう。

ぺったらこい

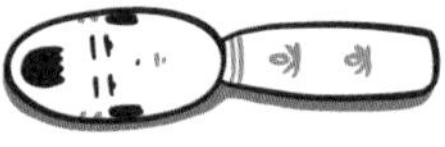

あんだの名は
ぎゃ～「ジャゴ」出だ～!!
こいづいぎなしくせーんだ（こいつとても臭いんだ）
じゃご？
ガムテープでとっぺ～
おらいのとごでは「へくさ虫」って呼ぶっちゃ～
へくさ虫!?
他の地方では「へっぴり虫」「クセンコ」「わくさ」色々な呼び方があるんだど～
へ～
カメムシ
あんだのとごではどんな呼び方すっかや？

カメムシ

秋《あき》に見《み》かけることが多《おお》い「カメムシ」。田舎《いなか》によくいますが、地域《ちいき》によって色々《いろいろ》な呼《よ》び名《な》があるのを知《し》っていますか？　４コマに出《で》てきた呼《よ》び名《な》の他《ほか》にも「くさんぼ」「くさ虫《むし》」など色々《いろいろ》な呼《よ》び方《かた》があります。臭《にお》いが強烈《きょうれつ》なので、こけしちゃん達《たち》も苦手《にがて》なようです。

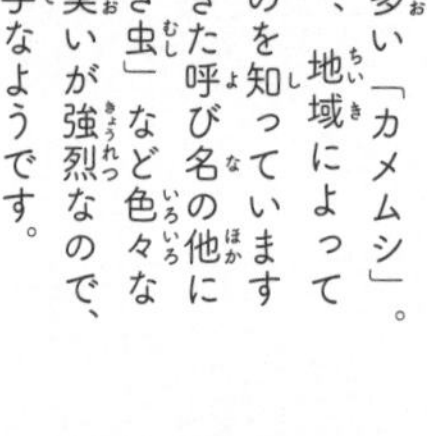

「ヤツ」

プ〜ン
ハッ
ど…
どこかに
「ヤツ」がいるっちゃ…！
バッ
どごさいんのや
（どこにいるんだ）
すかねごだ!!
（イヤだな!!）
プ〜ン
出はってこい

どこにいる？

ふと、あの独特《どくとく》の臭《にお》いが漂《ただよ》ってくると、「ヤツ」がどこにいるのか見《み》つけたくなりますよね。

洗濯物《せんたくもの》にくっついていると、残念《ざんねん》な気《き》持《も》ちになります。なるこっつぁんはまさか自分《じぶん》の後頭部《こうとうぶ》にくっついているなんて思《おも》いもしないので、しばらく見《み》つけられそうもありませんね。

オレオレ詐欺

※うそばかりついてバカモノ

うそばり

オレオレ詐欺《さぎ》や還付金詐欺《かんぷきんさぎ》などの特殊《とくしゅ》詐欺《さぎ》の被害《ひがい》が増《ふ》えています。4コマのばんつぁんは勘《かん》が鋭《するど》くて良《よ》かったですね。「うそばりかだる」は「うそばかりつく」、「うそこぎ」は「うそつき」です。知《し》らない番号《ばんごう》からの電話《でんわ》は出《で》ないなど対策《たいさく》をしつつ、家族間《かぞくかん》の普段《ふだん》の声《こえ》がけも大事《だいじ》にしたいですね。

5秒前

おはよう靴下《くつした》

穴《あな》の開《あ》いた靴下《くつした》のことを、宮城《みやぎ》では「おはよう靴下《くつした》」と呼《よ》びます。由来《ゆらい》ははっきりしませんが、穴《あな》から見《み》える指《ゆび》が「おはよう」と言《い》っているように見《み》えるから、このような呼《よ》び方《かた》になったとされています。ちなみに長崎県《ながさきけん》では、穴《あな》から見《み》える指《ゆび》のことを「じゃがいも」と呼《よ》ぶそうです。

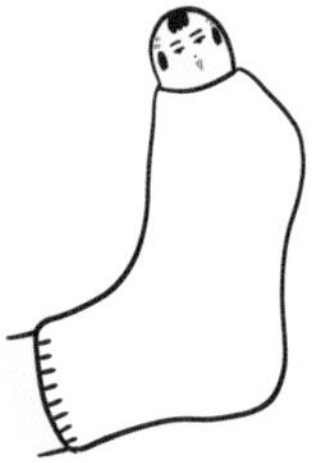

おはよう靴下

星に願いを

あっ流れ星！
……
どんな願い事したのっしゃ？
ヒミツだっちゃ～
おらは「なるこっつぁんとずっと一緒にいられますように」ってお願いしたっちゃ…
え～なんだべ
うふふ
「はらこ飯、腹いっぺー食えますように」

はらこ飯《めし》

「はらこ飯《めし》」は亘理町《わたりちょう》の郷土料理《きょうどりょうり》で、サケが遡上《そじょう》してくる秋《あき》に食《た》べられます。「はらこ」は「鮭《さけ》の腹子《はらこ》」です。鮭《さけ》の煮汁《にじる》でご飯《はん》を炊《た》いて、鮭《さけ》の身《み》とイクラをのせます。伊達政宗公《だてまさむねこう》がその味《あじ》に驚《おどろ》き、広《ひろ》まったと言《い》われています。こけしちゃん達《たち》、どちらの願《ねが》いも叶《かな》いますように。

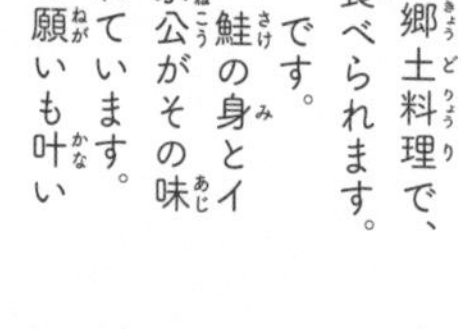

おくずかけ

仙南《せんなん》の郷土料理《きょうどりょうり》

おくずかけは仙南《せんなん》（宮城県南部《みやぎけんなんぶ》）を中《ちゅう》心《しん》に、お彼岸《ひがん》やお盆《ぼん》の時期《じき》に食《た》べることが多《おお》い郷土料理《きょうどりょうり》です。野菜《やさい》や豆麩《まめふ》、油揚《あぶらあ》げ、豆腐《とうふ》などをだし汁《じる》で煮込《にこ》み、白石温麺《しろいしうーめん》を加《くわ》えてとろみをつけます。とろとろアツアツで心《こころ》も体《からだ》も温《あたた》まります。

秋保大滝

豪快《ごうかい》な迫力《はくりょく》

秋保大滝《あきうおおたき》は、「日本《にほん》の滝百選《たきひゃくせん》」に選《えら》ばれ、国《くに》の名勝《めいしょう》に指定《してい》されています。幅《はば》6m、落差《らくさ》55mの直瀑《ちょくばく》で、豪快《ごうかい》な迫力《はくりょく》があります。遊歩道《ゆうほどう》を下《お》りて滝《たき》つぼに行《い》くと、滝《たき》の飛沫《ひまつ》が霧《きり》となり、下《した》から見上《みあ》げる大滝《おおたき》は一層《いっそう》見事《みごと》です(なるこっつぁんのマネは絶対《ぜったい》にしないでください)。

卓球

わげもん

まだまだわげもん（若者《わかもの》）には負《ま》げねっちゃ〜と、ばんつぁん。
積《つ》んできた経験《けいけん》の差《さ》で圧倒《あっとう》される、なるこっつぁん。
温泉《おんせん》などで卓球《たっきゅう》ができる場所《ばしょ》があると盛《も》り上《あ》がりますよね。
ばんつぁん、いつまでも元気《げんき》で長生《ながい》きしてけさいん。

してこび

ドンッ
・・・・
してこびいでぇ
（おでこ痛い）

おでこ

「おでこ、ひたい」は仙台弁《せんだいべん》で「してこび、すてこび、ひてこび、でんび」と色々《いろいろ》な呼《よ》び方《かた》をします。なるこっつぁん、してこびをぶつけて痛《いた》そうです。こけしの事情《じじょう》で受《う》け身《み》が取《と》れません。お家《うち》に飾《かざ》ってあるこけしは地震《じしん》などの揺《ゆ》れで倒《たお》れやすいので、大事《だいじ》にしてくださいね。

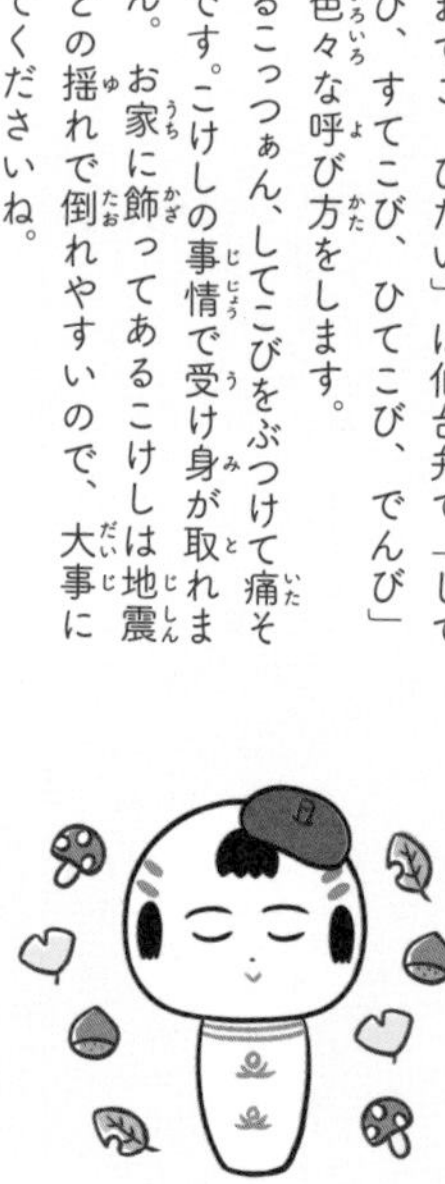

とぜん

寂《さび》しい状態《じょうたい》

『徒然草《つれづれぐさ》』の「つれづれなるままに」の「つれづれ」と仙台弁《せんだいべん》の「とぜん」はどちらも「することがなくて退屈《たいくつ》な状態《じょうたい》」を意味《いみ》します。平安時代《へいあんじだい》から伝《つた》わる古《ふる》い言葉《ことば》です。

「とぜん」は退屈《たいくつ》な意味《いみ》だけでなく、「誰《だれ》もいなくて徒然《とぜん》だ」と寂《さび》しい状態《じょうたい》の時《とき》も使《つか》います。

投げる

ゴミ投《な》げ当番《とうばん》

「ゴミ投げて」と言《い》われて本当《ほんとう》に投《な》げてしまったハヤトくんの友達《ともだち》。宮城《みやぎ》ではゴミを捨《す》てることを「投《な》げる」と言《い》います。転勤《てんきん》などで宮城《みやぎ》に来《き》た人《ひと》が驚《おどろ》く方言《ほうげん》の1つです。掲示板《けいじばん》に「ゴミ投《な》げ当番《とうばん》」と書《か》いてあったら、県外《けんがい》の人《ひと》はびっくりするかもしれません。

ゴミ投げ

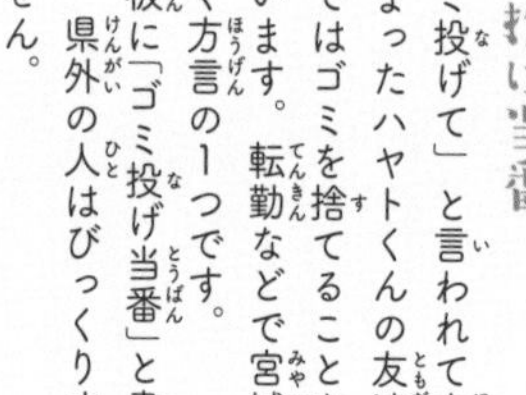

バガ

おはよー
おは…うわっ
オマエすげぇバガじゃん
…馬鹿？
バガが悪化する前に
早く病院行けって！
真剣
ゴッ
なんで!?
「バガ」は仙台弁で「ものもらい」という意味だっちゃ
誤解がとけっといいなや〜

ものもらい

宮城《みやぎ》ではものもらいのことを「バガ（バカ）」と呼《よ》びます。意味《いみ》を知《し》らないと、ハヤトくんの友達《ともだち》のように怒《おこ》らせてしまうかもしれないので注意《ちゅうい》です。ものもらいは、宮城《みやぎ》では悪口《わるぐち》のような言葉《ことば》ですが、熊本《くまもと》では「おひめさま」、佐賀《さが》では「おきゃくさん」と呼《よ》ばれています。可愛《かわい》いですね。

まなぐさバガができだ
目にものもらいできた

HAPPY
HALLOWEEN

冬編

かばねやみ

怠《なま》け者《もの》

寒《さむ》い東北《とうほく》の冬《ふゆ》、温《あたた》かいコタツから出《で》るのはとても億劫《おっくう》になります。便利《べんり》な道具《どうぐ》を手《て》に入《い》れてしまった、なるこっつぁん。ずいぶんと使《つか》いこなしていますね。

「かばねやみ」は、面倒《めんどう》くさがりや怠《なま》け者《もの》の意味《いみ》です。「かばね」は「体《からだ》」を意《い》味《み》していると言《い》われています。

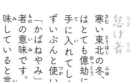

もづ

のどっぱみ→のどにものが詰まること

のどっぱみ

急《いそ》いで食《た》べ物《もの》を飲《の》み込《こ》むと「のどっぱみ」（喉《のど》に物《もの》が詰《つ》まる）しやすいので注意《ちゅうい》が必要《ひつよう》です。高齢者《こうれいしゃ》や幼児《ようじ》は飲《の》み込《こ》む力《ちから》が弱《よわ》いのでなるべく小《ちい》さくして食《た》べましょう。

「こしぇる」は「作《つく》る、こしらえる」という意味《いみ》です。

ばんつぁんがこしぇでくれたお餅《もち》、美味《おい》しそうですね。

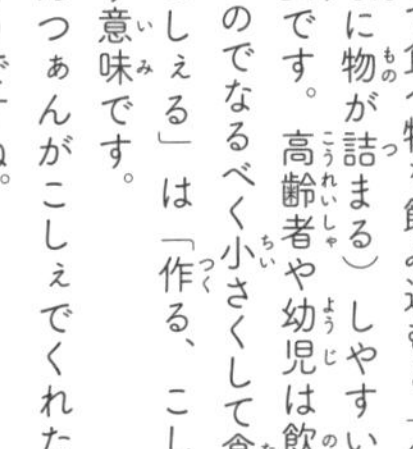

ゆぎかぎ

おどげでねぇ

「おどげ」は「ふざける」という意味《いみ》の「おどける」に由来《ゆらい》します。「おどげでねぇ」は冗談《じょうだん》やふざけでは済《す》まされないということで「大変《たいへん》だ。とんでもない。すごい」という意味《いみ》です。

ばんつぁんの入《い》れ歯《ば》が色々《いろいろ》な所《ところ》から出《で》てきておどげでねぇなや〜。

たろし

あいや〜
立派な
たろし(つらら)
だなや〜
スッ
危ねぇから
落どすべ…
ばんつぉんの必殺技
「たろし落とし」
だっちゃ〜
ガン
ガン
ガン
ガン
おっかね〜

たろしとたっぺ

「つらら」のことを仙台弁《せんだいべん》で「たろし」「たるひ」「たろひ」と呼《よ》びます。垂《た》れ下《さ》がる氷《こおり》の垂氷《たるひ》から来《き》ています。

ちなみに雪道《ゆきみち》の凍《こお》った所《ところ》を「たっぺ」と呼《よ》びます。「たっぺに気《き》ぃつけで歩《ある》げ〜」(雪道《ゆきみち》が凍《こお》った所《ところ》に気《き》をつけて歩《ある》いて)などと使《つか》います。

つるんこ
つるんこ

母の小言

寒くて布団から出たくねぇ〜
こらっ いつまで寝でんのや
この「かばねやみ」がっ
（怠け者がっ）
くか〜っ
ほでなす！
（馬鹿者）
着どころ寝すっと風邪ひくでば！
（服を着替えないでうたた寝すると風邪ひくぞ）

着《き》どころ寝《ね》

茶《ちゃ》の間《ま》など寝室《しんしつ》以外《いがい》の場所《ばしょ》で、パジャマや寝巻《ねまき》に着替《きが》えずにそのままうたた寝《ね》することを「着《き》どころ寝《ね》」と呼《よ》びます。茶《ちゃ》の間《ま》のコタツで寝《ね》ると気持《きも》ち良《い》いですよね。お母《かあ》さんからよくごっしゃかれた（怒《おこ》られた）ものです。

スキー
シャーーッ
カッ
ジュタッ
おどげでねぇっ（すごい）
次はK点越えねらうっちゃ！
普通のスキー場だから危ねっちゃ

人気《にんき》のスノーエリア

宮城《みやぎ》は豊富《ほうふ》な雪《ゆき》に恵《めぐ》まれた人気《にんき》スノーエリアのひとつです。本格的《ほんかくてき》にウインタースポーツを楽《たの》しみたい方《かた》からファミリー層《そう》まで、自分《じぶん》のスキルに合《あ》わせて色々《いろいろ》なスキー場《じょう》を選《えら》ぶことができます。

なるこっつぁんはお見事《みごと》ですが、スキージャンプは専用《せんよう》の場所《ばしょ》で飛《と》びましょうね。

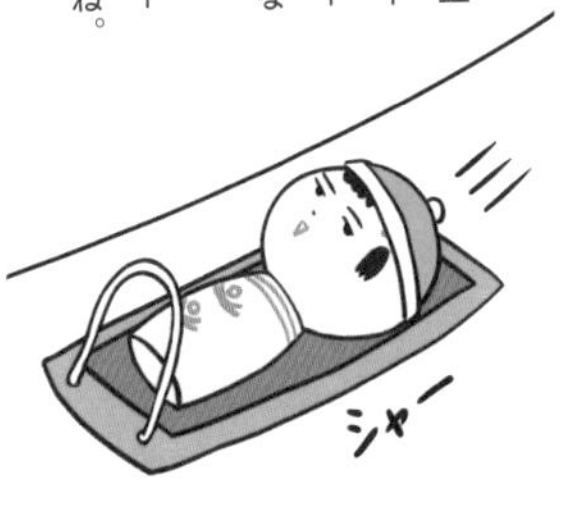
シャー

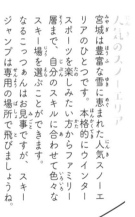

なんだりかんだり

「おんらいんしょっぷ」ってなぬや？（何？）
ばんつぁん
インターネットでいづだりかづだり（いつでも）
ほー
どごだりかぐだり（どこでも）
ほー
なんだりかんだり（色々）買えるお店だっちゃ～
ルルル～♪
んだすか～

仙台弁こけしオンラインショップで
なんだりかんだりグッズ販売中だっちゃ～！

「～だり～だり」

仙台弁《せんだいべん》には同義《どうぎ》の言葉《ことば》を重《かさ》ねて、その意《い》味《み》を強調《きょうちょう》する言葉《ことば》があります。

「いづだりかづだり」「いったりかったり」は「いつでも、勝手《かって》な時《とき》に」、「どごだりかぐだり」は「ところかまわず、どこでも」、「なんだりかんだり」は「なんでもかんでも、色々《いろいろ》」という意味《いみ》です。

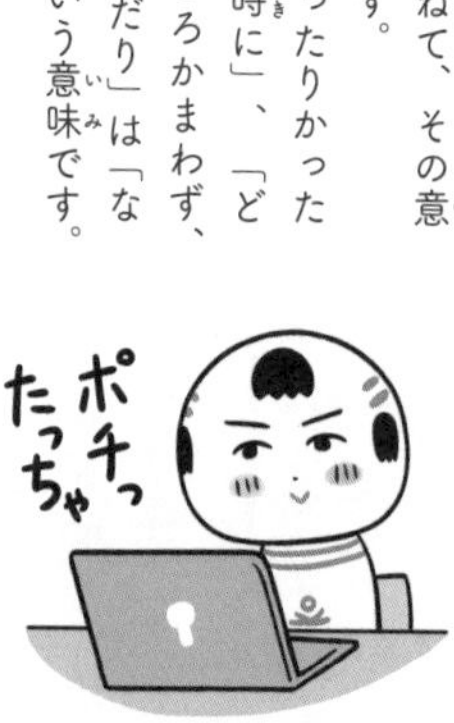
ポチっ
たっちゃ

あっぺとっぺ

アベコベ

「あっぺとっぺ」は「ちぐはぐ、とんちんかん、つじつまの合《あ》わない、筋《すじ》が通《とお》らない」という意味《いみ》です。「アベコベ」が由来《ゆらい》だとされています。「あんだ、あっぺとっぺなことばりかだってわがんねよ」（あなた、とんちんかんなことばかり話《はな》してだめだよ）などと使《つか》います。

パック
フーッ
フーーーッ
そだにごっしゃがねでけろ〜（そんなに怒らないで）
顔パックはやめっから〜

腹《はら》を立《た》てる

パック姿《すがた》のなるこっつぁんにごっしゃぐ（怒《おこ》る）ネコのハナちゃん。いつもと違《ちが》う姿《すがた》にびっくりしたのでしょうね。

「ごっしゃぐ、ごしゃぐ」は「腹《はら》を立《た》てる、怒《おこ》る」という意味《いみ》です。

「ごしっぱらげる、ごしっぱらやげる」も同《おな》じ「腹《はら》を立《た》てる、怒《おこ》る」という意味《いみ》になります。

ごしっぱらやげる！

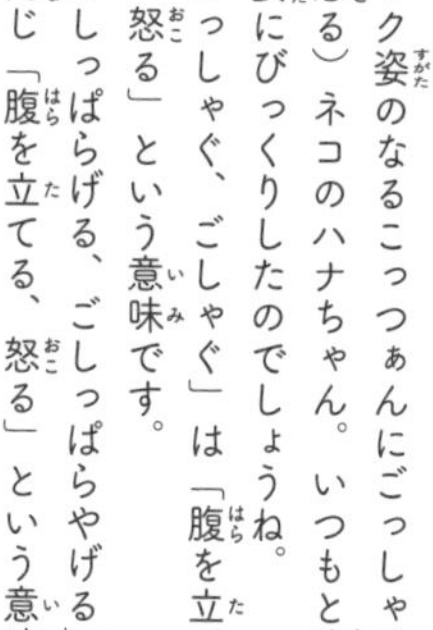

悪口合戦

①このほでなすっ
②むんつんかだり
③よぐたがり
④うそごぎ
⑤いんぴんかだり
や〜いっ
こらこらケンカしねのっ
(ケンカしないでっ)
……
〜っ
〜っ
何言ってるか全然わからん…

①バカ者 ②つむじ曲がり ③欲張り
④うそつき ⑤ひねくれ者

いんぴんかだり

悪口合戦《わるぐちがっせん》も方言《ほうげん》だとなんだかおかしいですね。「いんぴんかだり」とは「ひねくれ者《もの》、気難《きむすか》しい人《ひと》」のことを言《い》います。語源《ごげん》ははっきりしませんが、気難《きむすか》しいという意味《いみ》の「イビツ」から「インビツ」を経《へ》てできたとも言《い》われています。

ほでナス

はえごだ

仙台初売《せんだいはつう》り

「仙台初売《せんだいはつう》り」は仙台藩《せんだいはん》の時代《じだい》から続《つづ》く伝統行事《でんとうぎょうじ》です。毎年県内外《まいとしけんないがい》から沢山《たくさん》の買《か》い物客《ものきゃく》で賑《にぎ》わいます。価格以上《かかくいじょう》の商品《しょうひん》が入《はい》った福袋《ふくぶくろ》や福茶箱《ふくちゃばこ》、割増商品券《わりましょうひんけん》などが販売《はんばい》されます。お目当《めあ》ての豪華商品《ごうかしょうひん》を求《もと》めて、毎年徹夜《まいとしてつや》で並《なら》ぶ人《ひと》もいますが、それにしてもなるこっつぁんは早《はや》すぎます。

カミングアウト

…おら
カミングアウトすっちゃ…
なるこっつぁん？
なにすや（どうしたの）
急に…
おら実は…
くぴた（首）
鳴るのっしゃ〜
キュッ キュッ
知ってたでば（知ってたよ）

再掲：鳴子こけしは首が鳴る

鳴子系《なるこけい》こけし

なるこっつぁんのカミングアウトに身構《みがま》えるやじろうちゃん。

大崎市《おおさきし》の鳴子系《なるこけい》こけしは、首《くび》を回《まわ》すと音《おと》が鳴《な》る特徴《とくちょう》があります。頭部《とうぶ》を胴《どう》にはめ込《こ》む独特《どくとく》の技法《ぎほう》が用《もち》いられているためです。くぴたを鳴《な》らすことは、鳴子出身《なるこしゅっしん》のなるこっつぁんの得意技《とくいわざ》です。

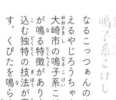

プレゼント

明日はクリスマスかや～
サンタさん来っかや～
靴下ば用意しとくべ♪
なぬまずっ
おはよう靴下しかねっちゃ～（穴の空いた靴下しかないよ）
うわ～ん
プレゼントほろげる～（落ちる）

ほろげる

「ほろげる」は「落《お》ちる」という意味《いみ》です。「ほろぐ」は「振《ふ》り落《お》とす、落《お》とす」という意味《いみ》で、「服《ふく》についた雪《ゆき》をほろぐ」などと使《つか》います。

意識的《いしきてき》に落《お》とす意味《いみ》の他《ほか》に、無意識《むいしき》に落《お》としてなくす、という意味《いみ》もあります。スマホや財布《さいふ》がほろげると大変《たいへん》です。

クリスマス

んだんだ

「んだ」は同意《どうい》を表《あらわ》す言葉《ことば》です。「んだんだ」は「そうそう」という意味《いみ》です。「んだ」から始《はじ》まる仙台弁《せんだいべん》は沢山《たくさん》あります。んだがら（そうだよね）、んだでば（そうなんですよ）、んだすぺ（そうでしょう）、んだっちゃだれ（そうに決《き》まってるよ）…仙台弁《せんだいべん》は奥深《おくぶか》いです。

お地蔵さん

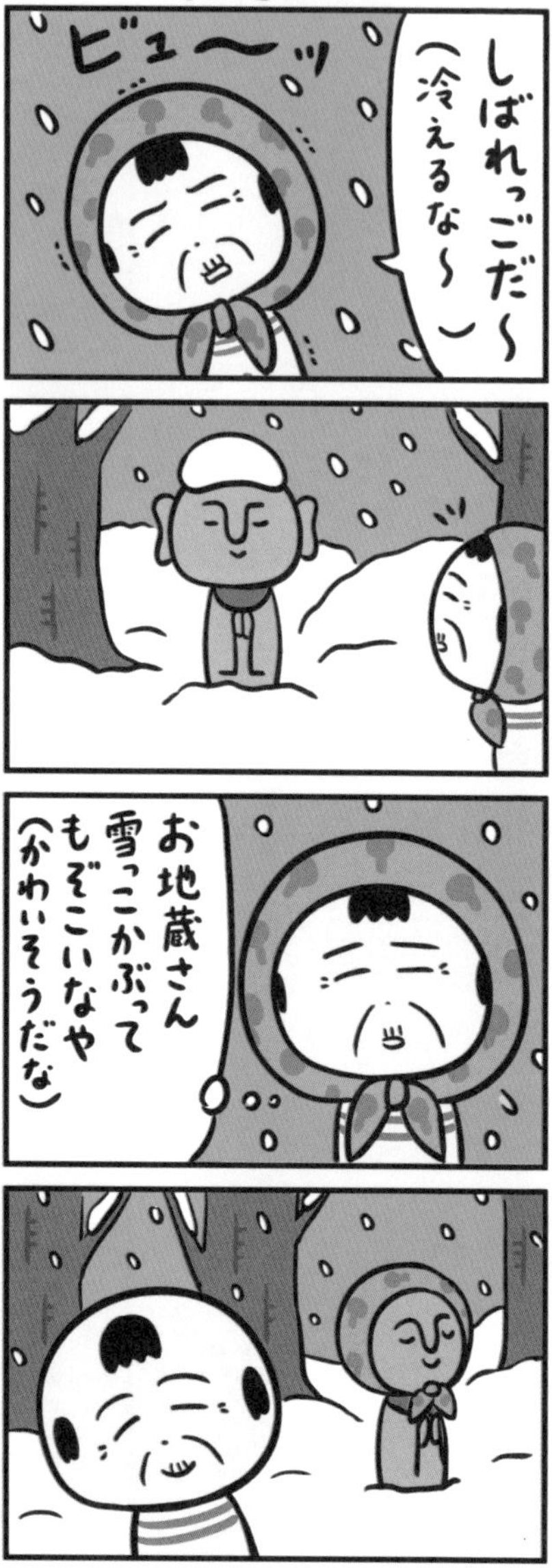
ビュ〜ッ
しばれっごだ〜
(冷えるな〜)
お地蔵さん
雪っこかぶって
もぞこいなや
(かわいそうだな)

もぞこい

笠地蔵《かさじぞう》ならぬ「ほっかぶり（頬被《ほっかむ》り）地《じ》蔵《ぞう》」。ばんつぁんのやさしさにほっこりしますね。

「もぞこい」は「かわいそう、いじらしい、不憫《ふびん》な」という意味《いみ》です。「あのわらすこ1人《ひとり》ぼっちでもぞこいなや。」（あの子《こ》ども1人《ひとり》ぼっちでかわいそうだなぁ）などと使《つか》います。

年賀状

今年こそ年賀状早めに書くべ!
よしっ
できたっちゃ♪
けまして
めでとう!
もよろすぐね!
〜♪
「来年もよろすぐ」になってたでば〜
〜年明け〜
おしょすいっ
(恥ずかしい)
いひひ
あけ

お正月《しょうがつ》

新年《しんねん》の挨拶《あいさつ》を仙台弁《せんだいべん》で言《い》うと、「明《あ》けましておめでとうございす。今年《ことし》もよろすぐお願《ねが》いすす」になります。宮城《みやぎ》では「お正月《しょうがつ》さま」と呼《よ》ばれる御神《おふ》札《だ》を神棚《かみだな》にまつる風習《ふうしゅう》があります。「お正月《しょうがつ》さま」が訛《なま》って「おしょうがっつぁん」とも呼《よ》びます。

良い年になっといいなや〜
招福

ダイエット

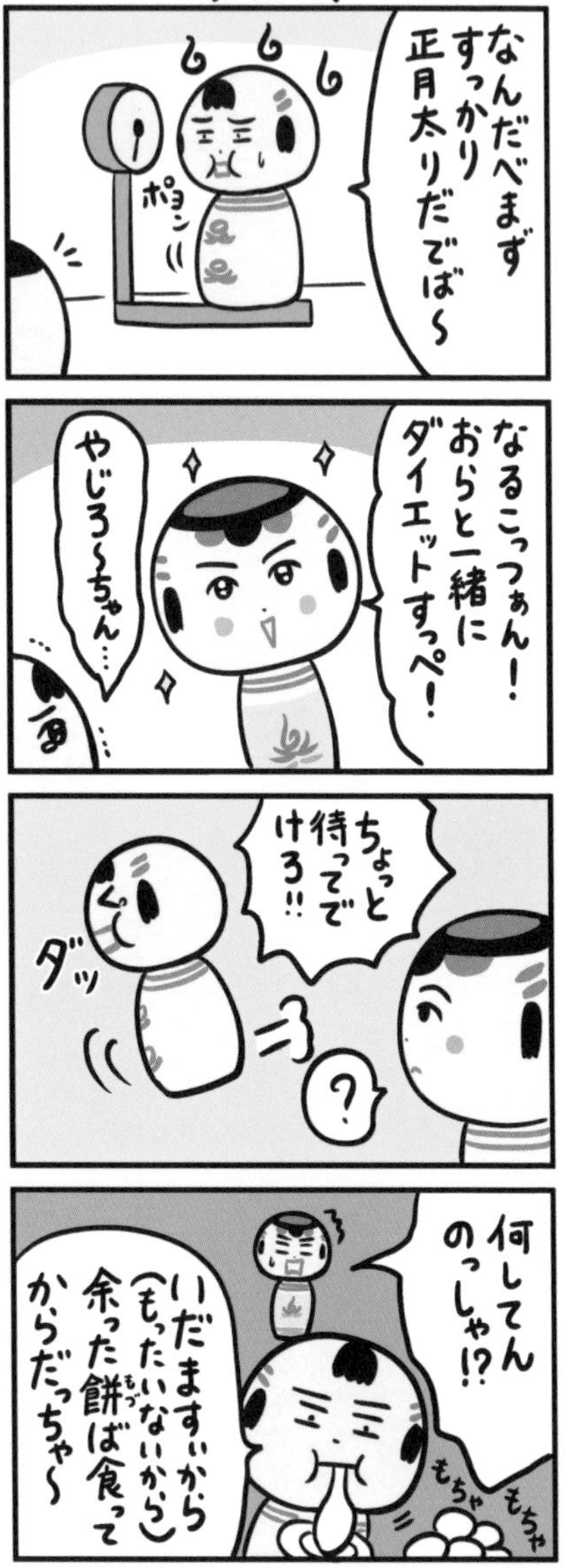
なんだべまず
すっかり正月太りだでば〜
ポヨン
なるこっつぁん！おらと一緒にダイエットすっぺ！
やじろ〜ちゃん…
ちょっと待っててけろ!!
ダッ
?
何してんのっしゃ!?
いだますぃから（もったいないから）余った餅《もち》ば食ってからだっちゃ〜
もちゃもちゃ

いだますぃ

仙台弁《せんだいべん》の「いだますぃ」「いたましい」は「惜《お》しい、もったいない」という意味《いみ》です。

共通語《きょうつうご》の「いたましい（目《め》を背《そむ》けたくなるほど悲惨《ひさん》、痛々《いたいた》しい）」とは違《ちが》う意味《いみ》です。「なげるにはいだますぃなや〜」（捨《す》てるにはもったいないなぁ）などと使《つか》います。

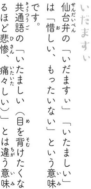

福引き

福引き当ててぇなや〜
ガラガラガラ〜
福
ポロンッ
こっこいづは!?
特賞、おめでとうございり〜す!!!
（おめでとうございます）
ガラン ガラン
なにまずっ
ゴロゴロゴロゴロ…
ねご（一輪車）当だったっちゃー…

ねご

手《て》押《お》し一輪車《いちりんしゃ》の「ねこ」が訛《なま》って「ねご」と呼《よ》びます。

畑仕事《はたけしごと》などで活躍《かつやく》する「ねご」は田舎暮《いなかぐ》らしに欠《か》かせません。田舎《いなか》の運動会《うんどうかい》では、ねごを押《お》してスピードを競《きそ》う種目《しゅもく》もあります。工事現場《こうじげんば》で「ねご持《も》ってきてけろ〜」と言《い》われて、猫《ねこ》を持《も》っていったら怒《おこ》られますね（笑《わら》）。

火の用心だっちゃ

何してんのっしゃ
ストーブの上に洗たく物干すなんて危ねっちゃ!!
早ぐ乾くと思って…
乾いた洗たく物は軽くなって下に落ちることもあるんだでば
火事になったら大変だっちゃ!
SENDAI
しゃねがった〜(知らなかった〜)
洗たく物はストーブから離して干すべ!

ファンヒーターもだっちゃ〜

消防団応援団長《しょうぼうだんおうえんだんちょう》だっちゃ

仙台弁《せんだいべん》こけしは「仙台《せんだい》市《し》若林《わかばやし》消防団《しょうぼうだん》応援《おうえん》団長《だんちょう》」を務《つと》めています。消防団《しょうぼうだん》の活動服《かつどうふく》もキマってますね。

冬《ふゆ》の時期《じき》は乾燥《かんそう》するので火事《かじ》に注意《ちゅうい》ですね。洗濯物《せんたくもの》をストーブの上《うえ》に吊《つ》るしてしまうと、落《お》ちたときに火災《かさい》の原因《げんいん》になるので、注意《ちゅうい》しましょう。

SENDAI
火の用心

はしご乗り

仙台市《せんだいし》消防団《しょうぼうだん》はしご乗《の》り隊《たい》

仙台市《せんだいし》のはしご乗《の》り隊《たい》は消防団《しょうぼうだん》で構成《こうせい》されています。新春恒例《しんしゅんこうれい》の仙台市消防出初《せんだいししょうぼうでぞ》め式《しき》では、伝統《でんとう》のはしご乗《の》りが披露《ひろう》されます。消防《しょうぼう》の伝統《でんとう》と心意気《こころいき》を伝《つた》える風物詩《ふうぶつし》として仙台《せんだい》市民《しみん》に親《した》しまれ、仙台市《せんだいし》の指定無形民俗《していむけいみんぞく》文化財《ぶんかざい》にも指定《してい》されています。

もづラップ

DUGUDUGU
DU GU
DU GU
DU GU
DUG UGU
まめもづ
のりもづ
ずんだもづ
ごまもづ
おかわり
あんこもづ
YEAH!

いつでも餅《もち》

大好《だいす》きなもづ（餅《もち》）をラップにしちゃったやじろうちゃん。宮城《みやぎ》は米《こめ》どころであり、餅《もち》どころです。田舎《いなか》ではお正月《しょうがつ》に限《かぎ》らず、お盆《ぼん》やお祝《いわ》い事《ごと》がある時《とき》に餅《もち》を作《つく》ります。取《と》り立《た》てて節目《ふしめ》がなくても、食《た》べたい時《とき》に作《つく》る餅《もち》もあります。あなたは何餅《なにもち》が好《す》きですか？

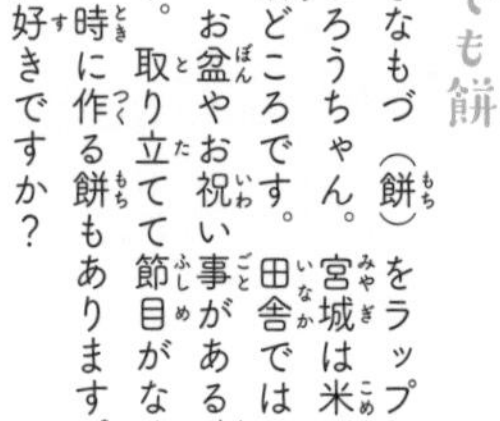

がおる鬼

若者《わかもの》もがおる

宮城《みやぎ》の節分《せつぶん》では落花生《らっかせい》をまくので、地面《じめん》に落《お》ちても汚《よご》れずに食《た》べられます。「がおる」は「気《き》が滅入《めい》る、疲《つか》れた、弱《よわ》った」という意味《いみ》です。「我《が》を折《お》る」に由来《ゆらい》し、「我折《がお》る」となり意味《いみ》も変化《へんか》しました。「徹夜明《てつやあ》けでがおる」など普段方言《ふだんほうげん》を使《つか》わない若者《わかもの》の間《あいだ》でも使《つか》います。

夜明け

まだかや…

さみぃなや～

まだかや…

もうすぐだっちゃ…

あ…

し(陽)出たっちゃ～

明けない夜はないっちゃ～

陽《ひ》はまた昇《のぼ》る

仙台弁《せんだいべん》は「ひ」を「し」と発音《はつおん》します。「ひだり」は「しだり」、「ひつじ」は「しづず」となります。

宮城県《みやぎけん》は太平洋《たいへいよう》に面《めん》しており、海辺《うみべ》から日《ひ》の出《で》を見《み》られる場所《ばしょ》が沢山《たくさん》あります。

こけしちゃん達《たち》が夜明《よあ》けを待《ま》っています。

どんなことがあっても、し（陽《ひ》）はまた昇《のぼ》るっちゃ～。

ばっけ

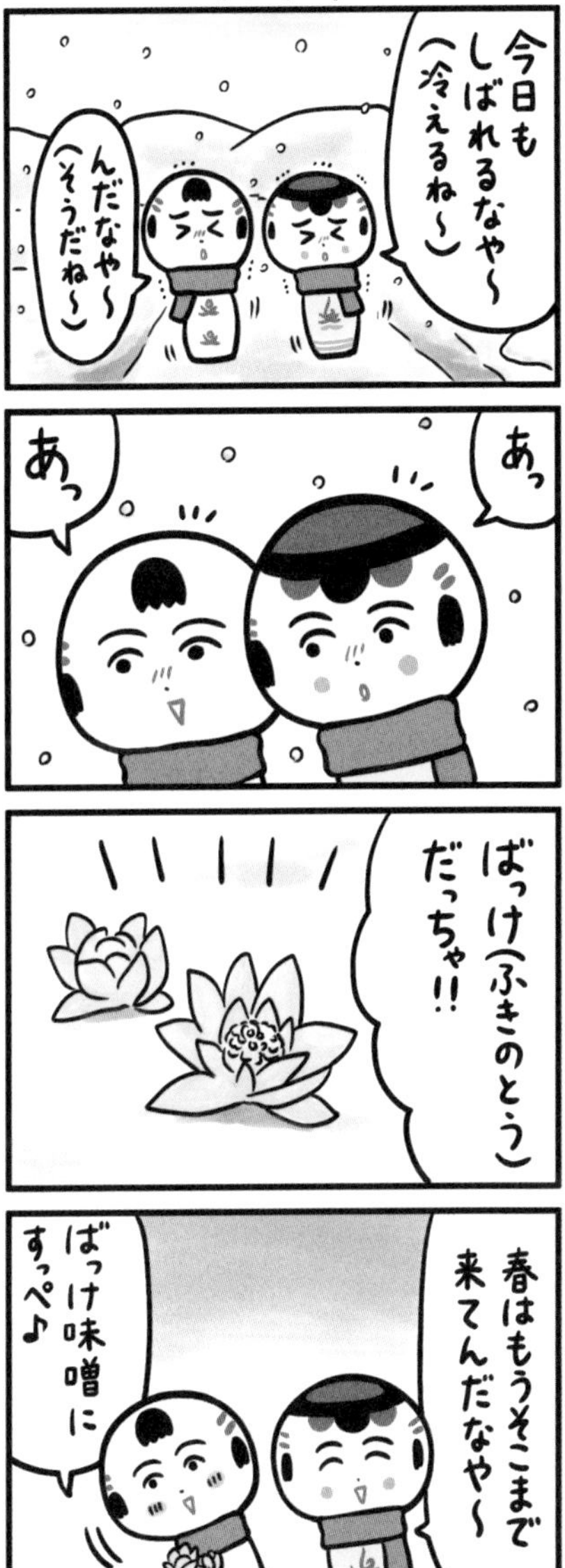

ばっけ味噌《みそ》

春《はる》の訪《おとず》れを教《おし》えてくれる、ばっけ（ふきのとう）。

宮城《みやぎ》の家庭《かてい》で作《つく》られる「ばっけ味噌《みそ》」は、茹《ゆ》でてアク抜《ぬ》きをしたふきのとうを刻《きざ》み、味噌《みそ》と混《ま》ぜ合《あ》わせます。爽《さわ》やかなほろ苦《にが》い味《あじ》と味噌《みそ》の風味《ふうみ》が特徴《とくちょう》で、ご飯《はん》にのせたり、お酒《さけ》のあてにしても美味《おい》しいです。

おつかれさんでがす〜

番外編

仙台弁ってなんだべ?

仙台弁は「仙台市」で話される方言なのすかや?
違うっちゃ〜
よく勘違いされっちゃ〜
仙台弁は江戸時代の仙台藩領内で話された言葉が元なのっしゃ
んだから宮城県全域の方言ば「仙台弁」と呼ぶのっしゃ
んではあの伊達政宗公も仙台弁だったのすか!?
眼帯いずいなや
いずくてわがんね
・・・
・・・

↑(眼帯むずむずするなぁ、むずむずしてしょうがない)

宮城弁《みやぎべん》=仙台弁《せんだいべん》

仙台弁《せんだいべん》は仙台藩《せんだいはん》で使《つか》われてきた方言《ほうげん》です。(仙台藩領内《せんだいはんりょうない》の言葉《ことば》なので、宮城県《みやぎけん》だけでなく、岩手県南部《いわてけんなんぶ》や福島県新地町《ふくしまけんしんちまち》の方《ほう》言《げん》も含《ふく》んでいます。)県南《けんなん》と県北《けんぼく》、沿岸《えんがん》部《ぶ》と内陸部《ないりくぶ》では方言《ほうげん》が違《ちが》います。よりその地域《ちいき》の特徴《とくちょう》を表《あらわ》すために、「石巻弁《いしのまきべん》」「気仙沼弁《けせんぬまべん》」などと呼《よ》ぶこともあります。

仙台弁オノマトペ
にこらかくら
(ニコニコ)
ぐずらもずら
(グズグズ)
もさらくさら
(もたもた)
たぷらたぷら
(タプタプ)
※○○ら○○らが多い
ハカハカ
(胸がドキドキする)
パヤパヤ
(頭がボーっとする)
ゲホラゲホラって頭ズガズガすて体がサワサワするんでがす〜
→ゲホゲホして頭ズキズキして体がゾクゾクするんです
病院
仙台弁のオノマトペは数が豊富

独特《どくとく》な表現《ひょうげん》

オノマトペとは、音《おと》を表《あらわ》す擬音語《ぎおんご》や様子《ようす》や気持《きも》ちを表《あらわ》す擬態語《ぎたいご》のことを言《い》います。仙台弁《せんだいべん》は独特《どくとく》なオノマトペがたくさんあります。

「うろらうろら」は「ウロウロする」、「いかいか」は「ちくちく、刺《さ》すような痛《いた》み」、「あふらあふら」は「ふらふら」するという意味《いみ》です。

ぱやぱや〜

「んだ」の活用

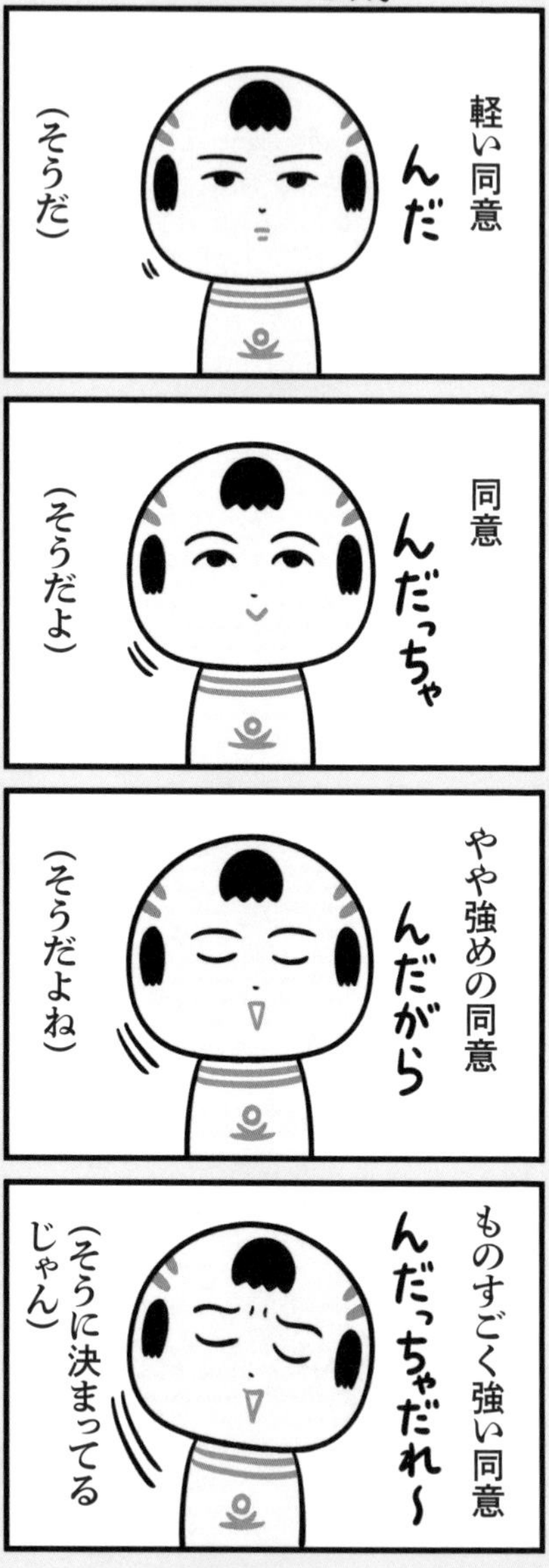
軽い同意
んだ
（そうだ）
同意
んだっちゃ
（そうだよ）
やや強めの同意
んだがら
（そうだよね）
ものすごく強い同意
んだっちゃだれ〜
（そうに決まってるじゃん）

「んだ」と「ほだ」

「んだ」の他《ほか》に「ほだ」という同意《どうい》もあります。「んだでば」（そうだよ）と「ほだでば」は同《おな》じ意味《いみ》です。「んだね」（そうだね）と「ほだね」、「んでまず」（それでは）と「ほでまず」もまた同《おな》じ意味《いみ》になります。

仙台弁《せんだいべん》でしりとりをしたら、無限《むげん》に続《つづ》きそうですね。

んでまず

おはよう靴下

宮城では穴の空いた靴下を「おはよう靴下」と呼ぶ※
※地域・世代による
由来ははっきりしないがひょっこり顔を出して「おはよう」しているように見えるのでこの呼び方になったようである
おはよう
小学生あるある
お前、今日おはよう靴下じゃん！
ホントだ〜あはは
社会人あるある
はっ今日の飲み会お座敷!?
おはよう靴下おしょすい〜(恥ずかしい)

宮城県民《みやぎけんみん》のやさしさ

「あ、今日《きょう》の靴下《くつした》おはようしてるよ」、本人《ほんにん》は恥《は》ずかしい、靴下《くつした》に穴《あな》が空《あ》いている状態《じょうたい》。それを「おはよう靴下《くつした》」と言《い》い換《か》えることで、表現《ひょうげん》を和《やわ》らげる効果《こうか》があります。相手《あいて》への配慮《はいりょ》をする宮城県民《みやぎけんみん》のやさしい気持《きも》ちが「おはよう靴下《くつした》」に表《あらわ》れているのかもしれません。

おはよう靴下

ジャス

宮城ではジャージのことを「※ジャス」と呼ぶ
ジャス
※地域・世代による
昔、学校のプリントにも「ジャス持参」と書いてあったりしていたので標準語だと思っている県民もいる
もちもの
・ジャス
・筆記用
仙台弁で言ってみよう
○月○日(○) こけ子
ゴムゆるっこくなってジャス下がってきてわがんね
(ゴムがゆるくなってジャージが下がってきてしょうがない)

「ジャス」のルーツ

ジャスの由来《ゆらい》は、戦前《せんぜん》から関東《かんとう》の学生《がくせい》が、ラグビー部《ぶ》の着《き》ている「ジャージ」を「ジャッシー」という愛称《あいしょう》で呼《よ》んでいたことによります。その愛称《あいしょう》が仙台《せんだい》のラグビー部《ぶ》に伝《つた》わり、「し」を「す」と発音《はつおん》する仙台弁《せんだいべん》の影響《えいきょう》で「ジャス」と呼《よ》ばれるようになったそうです。

よぐござったごだ

仙台駅から一番町へ通じるアーケード街
Marble Road おおまち
マーブルロードおおまち
数年前までアーケード入り口の路面に
仙台弁が書かれているタイルアートがあったっちゃ
「よぐござったごだ」は「よくおいでなさりました」
よぐござったごだ
まだおんなしてくないん
「まだおんなしてくないん」は「また来て下さい」という意味だっちゃ
今はもう撤去されてなくなってしまったげっとも
おらはアーケードを通る度にそのタイルアートを思い出すっちゃ

おもてなしの心《こころ》

「マーブルロードおおまち」は藩政時代《はんせいじだい》から商人《しょうにん》の町《まち》として栄《さか》えた歴史《れきし》ある商店街《しょうてんがい》です。入《い》り口《ぐち》の空中《くうちゅう》ステージには、パイプオルガンが設置《せっち》され、時々《ときどき》オルガン奏者《そうしゃ》による生演奏《なまえんそう》が行《おこな》われています。仙《せん》台商人《だいしょうにん》の「おもてなし」の心《こころ》が仙台弁《せんだいべん》のタイルアートに表《あらわ》れていたのでしょう。

こけしの由来

こけしは江戸時代後期、東北の温泉地で湯治客への土産おもちゃとして作られたのが始まりとされてるっちゃ
子どもへのおみやげにどうぞ〜
こけしは地方によって「こげす」「でこ」「きぼこ」「でくのぼう」等色々な名前で呼ばれていたっちゃ
KOKESHI
昭和15年に鳴子の全国こけし大会で「こけし」という呼び名に統一したっちゃ
こけしは「子消し」というネガティブな説があって今でも色々な偏見があっけども
NO…
これは後から作られた作り話だっちゃ
こけしは子どものおもちゃとして作られた
はいあーん
だからわらすこ(子ども)のようにめんこいんだっちゃ

子《こ》どものおもちゃ

こけしは地方《ちほう》によって色々《いろいろ》な呼《よ》び方《かた》があり、後《のち》に名称《めいしょう》が統一《とういつ》されました。子《こ》の供養《くよう》のための「子消《こけ》し」説《せつ》は、創作《そうさく》童話《どうわ》の中《なか》で作《つく》られたもので、根拠《こんきょ》のない俗説《ぞくせつ》と言《い》われています。こけしは子《こ》どものおもちゃや縁起物《えんぎもの》として作《つく》られました。だから優《やさ》しい表情《ひょうじょう》をしているのですね。

伝統こけしと温泉地

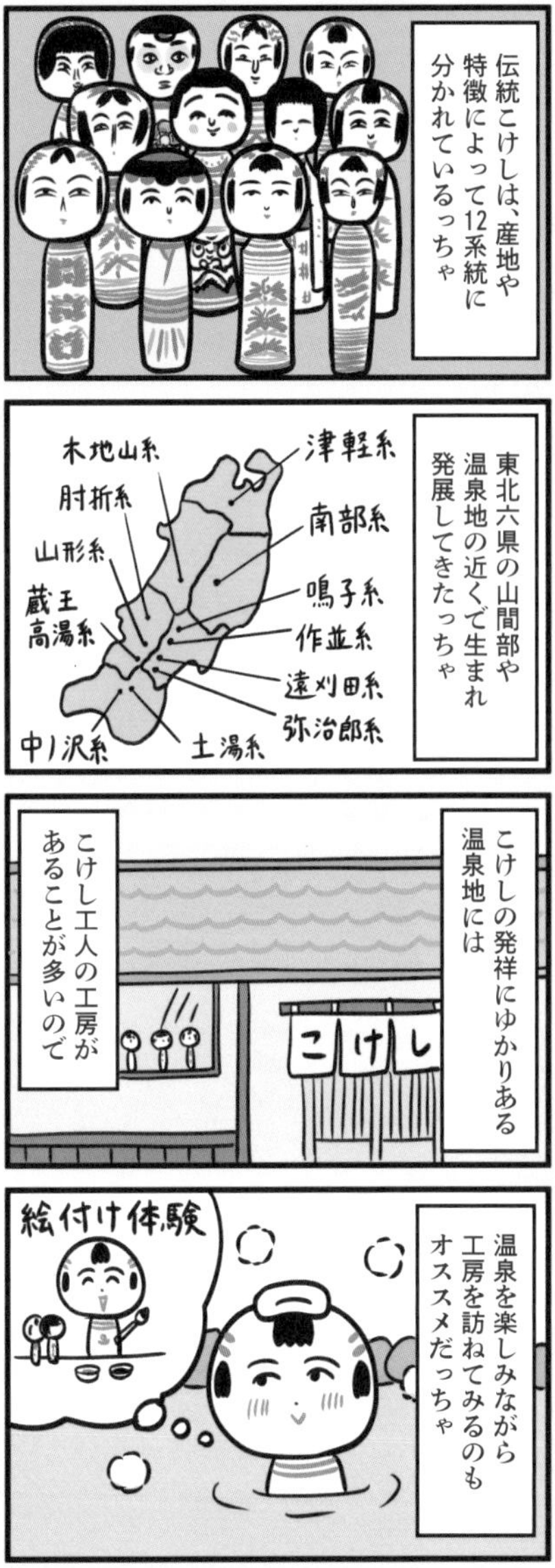
伝統こけしは、産地や特徴によって12系統に分かれているっちゃ
東北六県の山間部や温泉地の近くで生まれ発展してきたっちゃ
津軽系
南部系
鳴子系
作並系
遠刈田系
弥治郎系
土湯系
中ノ沢系
蔵王高湯系
山形系
肘折系
木地山系
温泉地にはこけしの発祥にゆかりある
こけし工人の工房があることが多いので
こけし
温泉を楽しみながら工房を訪ねてみるのもオススメだっちゃ
絵付け体験

こけしの世界《せかい》

東北《とうほく》で生《う》まれ、育《はぐく》まれた「こけし」。産《さん》地《ち》ごとに独特《どくとく》の形《かたち》や模様《もよう》の「伝統《でんとう》こけし」があり、今《いま》も師弟関係《していかんけい》によって継承《けいしょう》されています。白石市《しろいしし》の「全日本《ぜんにほん》こけしコンクール」や鳴子《なるこ》の「全国《ぜんこく》こけし祭《まつ》り」などのこけしのイベントでは、工人達《こうじんたち》の巧《たく》みな技《わざ》のこけしが一堂《いちどう》に会《かい》します。

こけしの里

んだ
んだ

仙台弁一覧

仙台弁	訳
いぶくさい	煙臭い
いまずに	今に、その内に
いやすこ	食いしん坊、食べ物にいやしいこと。
いんぴん（いんぴんかだり）	気難しい、つむじ曲がり（気難しいことを言う人）
うざにはく（うざねはく）	難儀する
うっしょ	後ろ
うっしょめぇ	服を前後逆に着ること
うまぐね	おいしくない、よくない
うめがす	おいしいです
うるかす（うるがす）	水につけること、ふやかすこと、食べ終えた食器などを水やお湯に浸すこと
うろからする（うろらうろら）	さまよう、落ち着きなく動き回る、うろうろする
えらぐ（いらぐ）	とても、ひどく
えらすぐね	小憎たらしい、かわいくない
えらすこい	愛らしい、かわいい
おがさん	お母さん
おがっつぃ	面白い、おかしい
おがる	大きくなる、育つ、成長する
おごご（おここ）	漬物
おしょすい（おしょしい）	恥ずかしい
おだつ（おだづ）	調子に乗る、ふざける、騒ぐ
おだづな	調子に乗るな、ふざけるな
おだづもっこ	お調子者、ふざけてばかりいる人
お茶っこ	お茶を飲みながらおしゃべりすること
おっかね（おっかない）	怖い、恐ろしい
おづきさん	お月さん、月
おっさん	和尚、お坊さん
おっちょれる	折れる
おっぴさん	ひいじいさん、ひいばあさん、曽祖父母
おでんとさん	お日様、太陽
おどげ	アゴ
おどげがたり	冗談ばかり言う人
おどけでねぇ（おどげでない）	とんでもない、大変だ、とても、予想以上に
おどさん（おどっつぁん）	お父さん
おどでな	おととい
おないん	来てください
おはよう靴下	穴のあいた靴下
おはようござりす（おはよがす）	おはようございます
おばんでがす（おばんでござりす、おばんです）	こんばんは
おぶる	おんぶする
おぼご	赤子、幼児、子ども、年の割に幼稚な人
おほっさん	お星さま、星

仙台弁	訳
あいなぐ	あんな風に
あいや	あれまぁ（感動した時や驚いた時に使う）
あがいん（あがい）	お食べなさい、召し上がれ
あがらいん	おあがりなさい
あぐど	かかと
あだりほどり	そこいらじゅう、近辺、近隣
あだりめ	当たり前
あっつこっつ（あつこつ）	あちこち、適当
あっぺっちゃ	あるでしょ
アバ（アババババ）	驚きの叫び声（東北の三陸地方で使われる）
あばいん	（一緒に）行きましょう
あふらあふら	ふらふらして元気がない様子
あぶらっこ	遊びで特別扱いの子ども（年下の子が一緒に遊べるようにハンデをつけること）
あべ（やべ）	行こう
あぺとぺ（あっぺとっぺ）	訳のわからない、ちんぷんかんぷん、ちぐはぐ
あまこい	甘い
ありがとうござりす	ありがとうございます
あんずごど	心配事
あんだ	あなた
あんどぎ	あの時
あんべ	体の具合
あんべ悪い	具合が悪い
～あんめっちゃ	～じゃないでしょう
い	家
いいごだ	いいね、いいな
いかいかする	ちくちくする
いがす	了解しました、いいよ
いがったなや	よかったね
いきなり（いぎなり、いぎなし）	とても、すごく
いぐね（居久根/家久根）	隣家の境や屋敷の周囲に植えた樹木（風雪から家を守るためや建築用材や燃料、肥料のために植えられた）
いしょもづ	衣装持ち、服がたくさんある人
いずい	違和感がある、しっくりこない、着心地が悪い、居心地が悪い、フィットしない
いだますい	もったいない、惜しい
いっそ	たくさん、いつも
いったりかったり（いづだりかづだり）	（自分の都合で）いつでも、勝手な時に、突然
いっちゃ	いいよ、いいね
いってがい	いってらっしゃい
いづのこまにか	いつの間にか
いへもづ（いへいもづ）	その家の跡取、長男（親の葬儀の時長男が位牌を持つものとされるから）

仙台弁	訳
～くない(～くなえん)	～ください
くぴた	首
くろち	青あざ
け(けぇ)	食べろ、食べなさい
けえる	帰る
～けさい(～けさいん)	～ください
けそっと	平然としているさま、平気な顔をしている
けっから	あげるよ
けっちゃ(けえちゃ)	服を裏返しに着ること
けつぬげ(けっつぬげ)	尻抜け、やることに締まりがないこと、扉を閉めたが半開き
けっぱれ	頑張れ
げほらげほら	ゲホゲホ(咳の擬音)
～けらいん	～(して)ください
けらった	もらった
ける	(物を他人に)あげる
～けろ	～(して)くれ、ください
けろっとすてる	平気でいる
げろびっき	カエル
けんのんたがり	神経質、潔癖症
けんむす	毛虫
こ	おいで
～こ	小ささ、少なさ、親しみを表す
こいなぐ	このように、こんな風に
こうのげ(このけ、このげ)	眉毛
こええ(こわい)	疲れた、だるい
ございん(ござい)	いらっしゃい、来てください
～ござりす	～ございます
こしぇる(こしる、こさえる)	作る
ごしっぱらげる(ごしっぱらやげる)	怒る、腹が立つ
ごしゃがれる	叱られる、怒られる
ごしゃぐ(ごっしゃぐ)	怒る
こすかけ	椅子
～ごだ	～だこと
こだに	こんなに
こっちゃ	こっちに
ごっつぉ	ご馳走
ごっつぉさん	ごちそうさま
こっぱしい(こっぱすぃ)	ご飯がかたいこと、ご飯がかたく炊き上がっていること
こでらんね	たまらない、こたえられない
このめぇ	この前
こばがくせ	バカみたい、馬鹿馬鹿しい
こまこい(こまっこい)	細かい
ごめんなしてくない(ごめんなしてけらい)	ごめんなさい、勘弁してください
こればっこ(こればり)	これっぽっち

仙台弁	訳
おみょうぬづ(おみょうにち)	また明日、さようなら(別れの挨拶)
おめ	お前
おもしぇ(おもしゃい)	面白い
おやがだ	兄、長男
おやんつぁん	お父さん、父親
おら(おれ)	私
おらい(おらえ)	私の家
おれさま(おらいさま)	雷
おんつぁん	おじさん
おんなる(おんなす)	おいでになる、いらっしゃる
がおる	疲れる、弱る、気が滅入る
かさぴた	かさぶた
かじぇぴぎ	風邪をひくこと
～がす	～です
かすける	かすれる
かせぐ(かしぇぐ、かしぐ)	働く
かだい(かでぇ)	義理堅い
かだる	言う、話す
かつける	責任をなすりつける、人のせいにする
かっつぁぐ(かっちゃぐ)	引っ掻く
かっつく	追いつく
かっぺろ	カップラーメン
かなぎっちょ	カナヘビ、トカゲ
がにて(がぬて)	手がかじかんで、物をうまくつかめない様子
かばね	体
かばねやみ	怠け者、体を動かすのを嫌う者
かぷける(かぶける)	カビが生える、かびる
かます(かんます、かんまがす)	かきまわす
かまね	かまわない、手入れしない
がめる	盗む
からこび(からすこび)	ゲンコツ
かんじょ	便所
がんばっぺ	がんばろう
きがね(きかない)	気が強い
きどころ寝	うたた寝、ごろ寝、寝室以外で布団を敷かずに寝ること
きぴちょ(きびちょ)	急須
きゃっぽり	水たまりなどに足をつっこんでしまうこと、靴の中が水浸しになってしまうこと
ぎりぎり	無理やり
きんな(ちんな)	昨日
ぐえわり	具合が悪い
ぐいら(ぐえら)	いきなり、急に、突然
ぐずらもずら	ぐずぐずする様子、愚痴をこぼす様子
くつける	くっつける

仙台弁	訳
ずごねる	駄々こねる、すねる、むずかる
すす	鮨、煤、獅子
すたっけ(したっけ)	そうしたら、そうだったら
すっかげる(すかげる)	からかう、火の上に鍋をかける、炊飯器をセットする
すっぱね	服の裾に跳ね上がってくる泥や水、雨の日に足につく泥はね
～すっぺ	～しましょう、～しよう
すどけ	しどけ(山菜)
すぴた	野菜(茄子、柿)などのヘタ
～すぺ?	～でしょう?
すまこ	隅っこ、部屋の隅
ずら	嘘、いいかげん
ずらっと	怠けて平然としている様子、知っているのに知らないふりをする、ずうずうしいさま
すわすわ	ハッカの味がスースーするさま
すわっぴり	けちんぼ
ずんけね	やりきれない、煩わしい
ずんだもづ(ずんだもつ)	ずんだ餅
ずんつぁん	おじいちゃん
せまこい(せまっこい)	狭い
せんだいじかん	仙台時間。予定が遅れても気にしないこと
そこっと	そっと、こそっと
そべぐった	失敗した
そべこ(そべっこ)	甘えっ子
そべる	甘える
それそれする	甘やかす、ちやほやする
～だいが?	～だろうか?
～だおん	～なんですよ、～だもの
たがく(たんがぐ、たんがく)	持ち上げる、運ぶ
だから(だがら、んだがら)	そうだよね
たがらもの(たからもの)	馬鹿者、役立たず、愚か者
たがる	付着する、寄り集まる
～だごだ	～だこと
たごまる	紐などがもつれる、着ているものが一ヶ所に寄ること
ただぎおづる	高いところから落ちる
～だっちゃ	～だよ(当たり前の意味合い)～だよね
たっぺ	凍ってつるつるになったところ
～だべ	～でしょう、～だろう
たねる	探す
たまげる	びっくりする
タラっぽ(たらぽ、たろっぽ)	タラの芽
たれかこく(たれかこぐ)	怠ける
たれかもの	たわけ者、無責任で横着なもの

仙台弁	訳
こんぬづわ	こんにちは
ごんぼ	ごぼう
～さい	～なさい
さかさづめ	ささくれ、手の爪の付け根が荒れてはがれてくること
ささぎ	ささげ
さっきな	さっき、先ほど
さっぱど(さっぱと)	きれいに、残さず、すべて
さらいぼ(さらさらいぼ)	鳥肌
されかまね	放置する、放っておく
しぇずね(しずね)	うるさい
しぇんころ	先日
しぇんしぇ	先生
しぎな	大根の千切り、引き菜
しけざむい(すけざむい)	湿っぽくて寒い
しじゃかぶ(ひじゃかぶ)	膝かぶ
ししゃます(しゃます)	てこずる、困る、あきれる、持て余す
しっしょ(すっしょ)	風呂
してこび(すてこび)	額
～しなきゃない(～しねげね)	～しなければならない
じぬ	お金
しばれる	寒い、冷える
しみる(すみる)	凍る、凍りつくように冷たい
～しゃ	～ですよ(丁寧な伝達)
しゃがらなす	浅はかな人、同じ失敗を繰り返す人
しゃず	匙(さじ)、スプーン
ジャス	ジャージ、運動着
しゃっこい	冷たい
しゃっしゃ	冷たいさま
じゃっぽ	(幼児語で)風呂
しゃで(しゃてー、しゃでっこ)	弟
しゃね(ししゃね)	知らない
じゃんこ	(幼児語で)座ること
じゃんする	(幼児が)座る
ジョイント	ホッチキス
じょさね	簡単だ、あっという間
じょんた	上手だ
じる	盗む
しんのめ	午前中
しんま	昼間
すいっちょん	うまおい虫、キリギリス科の昆虫
～すかや?(～すか?)	～ですか?(丁寧な質問)
すが	氷、水面に張った氷
すかね	嫌だ、好かない、きらいだ
すかねごだ	嫌だな
すがり	蜂
すけぇ(すっけぇ)	酸っぱい

仙台弁	訳
～なや	～だね、～ですね
なんだってまず	なんともまあ（事故や不幸の時などのお見舞いに言う）
なんだべ	あらまあ、なんだろう、どうしましょう
なんだもねえ	とても　たいへん、どうにもしようがない
なんだりかんだり	なんでもかんでも、色々
なんぼ	いくら、いくつ
にこらかくら（にっこらかっくら）	ニコニコ、ニタニタ
にょんにょさま（のんのんさま）	神様や仏様（幼児語）
ぬかる（ぬがる）	雨、雪などで地面がドロドロになっていること
ぬさる（のさる）	車、列車等に乗ること
ぬだぐる（ぬったぐる）	塗りたくる、塗りつける
ぬたばる（ぬだばる）	腹ばいになる
ぬどいも（にどいも）	じゃがいも
ぬんずん	人参
ねくさる	眠り続ける、だらしなくいつまでも寝ている
ねご	一輪車（資材を運ぶ手押し車）、猫
ねっぱす（ねばす）	粘す、はりつける、接着する
ねっぺ（ねっぺす）	寝よう
ねぷて	眠い
ねまる	座る
ねむかけ（ねぷかけ）	居眠り
のさらのさら	のろのろ、動作の鈍いこと
～のっしゃ	～なのさ
のっつぉ	無能な人、信用のおけない者、仕事をせずどこかに遊びに行ってしまう人
のっつぉねご	野良猫
のっつぉいぬ	野良犬
のどっぱみ	食べ物が喉に詰まること
はえごだ	早いですね
ばが（ばか）	ものもらい、なかなか取れない動物の毛や衣服に付く草の実や種
はがいぐ	はかどる
ハカハカ	ドキドキする、ハラハラする、息が切れる
ばっけ	ふきのとう
～ぱっこ	～ぽっち
はったぎ	いなご
ばっつ（ばっつこ）	末っ子
はっぱ（はっぱす、はっぱり）	さっぱり、全然
はねる	走る
ばばば	びっくりした時に言う言葉（三陸沿岸部で使われる）

仙台弁	訳
たろひ（たろし、たるひ、たれひ、たろっぺ）	つらら
たんぱら	すぐ怒る人、気が短い人
ちつけでいってがい	気をつけていってらっしゃい
ちつけらいん	気をつけて
ちゃっこい（ちちゃこい）	小さい
ちゃっちゃど	さっさと、すぐ、早く
ちゃっぷ	帽子
ちょす	いじる、触る、いたずらする
ちょすな	いじるな、触るな
ちょっこら	ちょっと、すぐに
ちょどすてろ	じっとしていなさい
ちょどする	じっとする、おとなしくする
ちょべっと（ちょぺっと、ちょぴっと）	ちょっとだけ、少し
～つぁん	～さん
～っちゃ	～だよね、～だよ
～っぺ	～しよう、～しましょう
つまかげ	つまずくこと
つまる	（尿意などを）もよおす
でぇごん	大根
てそずらすい	すぐに触りたがるさま、子どもが物をいじるさま
～でば	～と言っているでしょう
ではる	出掛ける、外出する
でろ	泥
てんでんこ	それぞれ、各自
どいなぐ	どのように
とかとか	動悸の激しい様子
どごだりかぐだり	ところかまわず、どこでも
とぜん（とじぇん）	寂しい、退屈だ
とっしょり	年寄り
どでんする	びっくりする
とみぎ（とうみぎ）	とうもろこし
とる	（布団を）敷く
どろっぺ	最下位、ビリ
とろぺず（とろっぺず、とろっぺつ）	始終、いつも
どんぶぐ	綿入りの胴着、綿入りの羽織り
なきびちょ	泣き虫
なげる	捨てる
なして	どうして
なじょする	どうする
なにすや?	なんだって?
なにまず（なぬまず）	なんと、なんてことだ
なにやってんのっしゃ?	なにやっているの?
なめかん	冬の乾燥した時期に、唇を舌で舐めることによる唇や皮膚の炎症

仙台弁	訳
ほでなす	愚か者、馬鹿者、間抜けなことをしてしまう人
ほどる(ほどまる)	温まる、暖かくなる
ほまづ(ほまつ、ほまち)	へそくり、自由に使えるお金
ほろぐ	落とす
ほんとでね	(本当でない)病気がよくならない、快調でない
まぐれる(まくれる)	気を失う、気を失うほど驚く、転び落ちる
まげる(まける)	こぼす
まつぽい	まぶしい
まで(までぇ、までい)	丁寧、大事、倹約
まなぐ	目
まぽい	かっこいい
ままっこ(ままこ)	遊びで特別扱いの子ども(年下の子が一緒に遊べるようにハンデをつけること)
まんず	本当に(感動、別れを表す言葉)
みさい	見なさい
むがす	昔
むがすびと	古い考えの人
むつける(むんつける)	すねる
むんからちゃっぷ	麦わら帽子
むんつん	気むずかしいこと、好き嫌いが激しいこと、へそまがり
めぇ	前
めちゃこい	小さい
めっけだ	見つけた
めっこめす(めっこごはん)	生煮えで芯のあるご飯
めんこい(めごい)	かわいい
もさらくさら	動作が鈍い様子、もたもたする
もじゃくる(もじゃぐる)	くしゃくしゃにする、しわくちゃにする
もぞこい	かわいそう、不憫、いじらしい
もづ	餅
ももた(ももたぶ)	太もも
やぎめす(やきめし)	おにぎり、焼きおにぎり
やっこい	やわらかい
やっしゃねえ	(やるせない)悲しい、苦しい、やりきれない、元気がない
やっとご	やっと
やっぺ	やろう、しよう
やばつい	湿って気持ち悪い
やまがっこう	学校を抜け出すこと
やろっこ(やろこ)	男の子、少年
やんだ	嫌だ
やんだぐなる(やんだくなる)	嫌になる
やんべ	いい加減、適当に
ゆつける	結ぶ、結びつける

仙台弁	訳
はまる	入る、仲間に加わる、参加する
パヤパヤ	頭がぼーっとする
はらくっつい	おなかが一杯だ、満腹
はらっぴり(はらぴり)	下痢
～ばり	～ばかり、～だけ
ばんがだ(ばんかた)	夕刻
ばんきり	いつも、その都度、毎回
ばんげ	夕方、夜
はんごろし	(春に作る)ぼた餅や(秋に作る)おはぎの、米粒が半分程つぶされた状態
ばんつぁん	おばあちゃん
ぴーちゃん	ひいばあさん、ひいじいさん、曽祖父母
ひきな(しぎな)	千切りにした大根、煮物の一種
びっき(びっち)	蛙
ひどい	難儀だ、大変だ
ひまだれ	時間の浪費、もったいない時間を無駄にしてしまうこと、暇つぶし
ひゃっこい(しゃっこい)	冷たい
ひんのめ(しんのめ)	昼の前、午前
ふくしい(ふぐすい)	裕福だ、金持ちだ
ふだ	いっぱい、たくさん、多い
ぶちょうほう(ぶぢょほ)	不作法、失礼、礼儀知らずな
ぶっつぁぐ(ふっつぁぐ)	壊す
ふっつぁける(ふっつぁげる)	破ける、壊れる
ぶんのごど	後頭部
～べ	～だろう、～しましょう、～でしょう
へくさむし(じゃこ、じゃご)	カメムシ
べご(べこ)	牛
ぺそっと	小さくしぼむ様子
ぺったらこい	平たい、平べったい、平らな
～べっちゃ	～でしょう
ぺろ	(うどん、ラーメンなどの)麺類(幼児語)
ぺろんこ	(不正に)無料で入場すること、ただ見をすること、頭まですっぽり入ること
ほいじょ	包丁
ほいなごど	そういうこと
ほいなんだ	そんなんだから
ほだ	そうだ
ぼだゆぎ	ぼたん雪
ほっかぶり	頬被り、手ぬぐいを頭から被ってあごの下で結ぶ
ぼっこら(ぼっこり)	突然、急に
ほったぶ	頬、ほっぺた
ほでがす	そうです

仙台弁	訳
んざねはぐ(んざぬはぐ、んざにはぐ)	大変な難儀をする、とても苦労する
んだ	そうだ
んだいが(んだか)	そうでしょうか、そうだったでしょうか
んだいっちゃ	そうですとも
んだおん	そうなんですよ、そうだよ
んだがや	そうかな、そうだろうか
んだがら	そうだよね、だから
んだごったら	それなら、そうだったら
んだげっとも(んだげんとも)	だけれども
んだすぺ	そうでしょう?
んだっちゃ	そうですよ
んだっちゃだれ	そうに決まってるよ、そうですよね
んだでば	そうなんですよ、そうなんだよ
んだなや	そうですね、そうだね
んだねぇ	そうだねぇ
んだば(んだらば)	それなら、そうだったら
んだべか(んだべが)	そうだろうか
んだんだ	そうだそうだ、そうそう
んであんめっちゃ	そうじゃないでしょう
んでがす	そうです
んでね	さようなら
んでねぐ(んでねぇ)	そうではなく
んでは	それではさようなら
んでまず(んではまず)	それではまた
んめぇ	うまい、おいしい

仙台弁	訳
ゆるぐねぇ	大変だ、厳しい
ゆんべな	昨夜、昨晩
ようたす	用足し、用事
よぐござったごだ	よくいらっしゃいました、よくおいでなさりました
よくたがり	欲深、強欲な人、欲張り
よごみ	生ゴミ
よっこより	寄り道をする
よったり	四人
よっぴで	徹夜で、夜通し
よろすぐおねげぇすす	よろしくお願いします
～よわ	～するよ、～してしまうよ、～したよ
よわり	夜なべ
らずもねぇ(らづもねぇ)	とんでもない、大変な
らんば	墓場、お墓
りごう	利口
るすい	留守番
ろぐすっぽ	ちゃんと、ろくに
わがりすた	わかりました
わがんね	だめだ、～したらだめだ、できない
わげすだづ	若い人たち
わげもん	若者、若い人
わせる(わしぇる)	忘れる
わっしゃ	いたずら、わるさ
わっぱか	急いで、素早く、早々に
わらす	子ども
わらわら	急いで、慌てて
わんつか	わずか

参考文献

小林 隆 、志村 文隆 、櫛引 祐希子 、遠藤 仁 、武田 拓 、澤村 美幸 (共著)
『とうほく方言の泉〈上〉- ことばの玉手箱』(河北新報出版センター、2013年)

小林 隆 、志村 文隆 、櫛引 祐希子 、遠藤 仁 、武田 拓 、澤村 美幸 (共著)
『とうほく方言の泉〈中〉- ことばの玉手箱』(河北新報出版センター、2013年)

小林 隆 、志村 文隆 、櫛引 祐希子 、遠藤 仁 、武田 拓 、澤村 美幸 (共著)
『とうほく方言の泉〈下〉- ことばの玉手箱』(河北新報出版センター、2013年)

後藤彰三『胸ば張って仙台弁～ぬくもり伝えるふるさとことば』(宝文堂 ·2001年)

佐々木徳夫『話すてけらしぇ仙台弁』(無明舎出版 ·1999年)

東北大学方言研究センター著『方言を救う、方言で救う　3.11被災地からの提言』(ひつじ書房·2012年)

大野眞男·小林隆編『方言を伝える―3.11東日本大震災被災地における取り組み』(ひつじ書房·2015年)

齋藤武『仙台方言あそび』(金港堂·2012年)

佐藤亮一編『全国方言辞典』(三省堂·2009年)

篠崎晃一『北海道·東北 「方言」から見える県民性の謎』(実業之日本社 ·2014年)

荘司和成『わかやなぎの方言』(2013年)

参考webサイト

宮城の方言：仙台弁メモ https://konnok3.sakura.ne.jp/sendai01.html

weblio国語辞典 https://www.weblio.jp/

仙台弁講座 https://www.jiraiya.com/bk/sendaistory/sendaiben2.htm

監修者のことば

仙台弁の魅力

小林　隆

学生時代の思い出がある。ふるさと新潟から仙台の大学に進学したものの、下宿のおばあさんの仙台弁が本当にわからなかった。何かおっしゃるたびに、うんうんと適当にうなずいていたが、あるとき質問されたことに気付かず、あきれ返られてしまった。

仙台弁との出会いは少々苦い体験だったが、今ではすっかり魅了されている。何がそんなに私を引きつけるのか。それは、仙台弁が古くて新しいという2つの顔を持つからだ。

例えば、みなさんよくご存じの「メンコイ」、この言葉は『万葉集』の時代にさかのぼる。山上憶良の歌に「妻子（めこ）見れば　めぐしうつくし」と出てくる「めぐし」が語源だ。１３００年の時を経て、奈良のみやこ言葉が仙台で使われている。タイムカプセルに乗らなければ行けないようなはるか昔の言葉を、仙台人は日頃なにげなく口にしているのである。

いや待て、「めぐし」と「メンコイ」では形が違うではないか、そう思われた方々も多いはずだ。これは、「めぐし」が仙台弁になるまでの間に、「メグイ」「メゴイ」「メンコイ」と、あたかも脱皮を繰り返すように姿を新しくしてきたからである。

形の変化だけでなく、意味の変化も重要だ。『万葉集』の「めぐし」は、山上憶良の歌では「妻子」に向けられているように、いとおしくて胸がキュンとなる感情を表す。そのニュアンスは今の仙台弁にもないわけではないが、むしろ、サイズが小さいといった意味で使われている。学生に聞くと、使い減らして小さくなった消しゴムを「メンコイ」と言うそうだ。あともうちょっと飲みたいという人のためか、居酒屋で「メンコイもっきり（盛り切り）」というお品書きを見たこともある。

いにしえの言葉を今に伝える古さと、その形や意味を変えてしまう新しさ、仙台弁が古くて新しいというのは、こういうことである。

こうした例は、ほかにもたくさん挙げることができる。「メンコイ」に負けず劣らず仙台人に馴染みの深い「イズイ」は、室町時代の京言葉「えずし」に由来する。形が「イズイ」に変わっただけでなく、意味も元の「恐ろしい」の意から「体の表面で感じる違和感」に変化した。みなさんが大好きな「ズンダ」も、元はと言えば、やはり室町時代に京都で使用された「糂汰（じんだ）」に遡る。これは本来「糠味噌」の意味だったのが、今の仙台では大豆をすりつぶして甘くした、あの食物を指すに至っている。「海サ行くべ」の「サ」は「さま」から、「べ」は「べし」から、あるいは、「いたっケよ」の「ケ」は「けり」からという具合に、学校の授業ではピンとこなかった古典文法が、仙台弁では多少姿を変えて、当たり前に使われている。

共通語では滅びてしまった遠い昔のみやこ言葉が今に生きている。仙台弁はこの点で文化遺産であり、無形文化財でもある。そして、それを話す仙台人は人間国宝と言ってもよい。しかし、それではそうした古語を、仙台人は後生大事にあがめたてまつってきたかというとそうではない。形を変え、意味を変え、さまざまなアレンジを加えながら、自分たちの使い勝手のよい新しいことばへと仕立て直してきた。

古くて新しい、すなわち、伝統と革新の融合からなる奥深さが仙台弁の魅力なのである。

めんこい

4コマ 仙台弁こけし 仙台宮城 方言まるわかりBOOK
2023年4月24日　初版第1刷発行
2024年5月28日　　　第3刷発行

BOOK STAFF
協力／佐藤寛和（エントワデザイン株式会社）
監修／小林隆（東北大学名誉教授）
装丁／小林博明（Kプラスアートワークス）
本文デザイン／小林博明　小林聡美（Kプラスアートワークス）

制作／酒井かをり（小学館）
資材／木戸礼（小学館）
販売／窪康男（小学館）
宣伝／阿部慶輔（小学館）
企画・編集／武藤心平（小学館）

著者／jugo
発行人／青山明子
発行所／株式会社小学館
〒101-8001　東京都千代田区一ツ橋2-3-1
TEL：編集03（3230）5685
　　　販売03（5281）3555
印刷所／TOPPAN株式会社
製本所／株式会社若林製本工場

Printed in Japan

ISBN978-4-09-389109-7